Hermann Giesecke
Einführung in die Pädagogik

Hermann Giesecke

Einführung
in die Pädagogik

Juventa Verlag
Weinheim und München 1990

Der Autor
Hermann Giesecke, Jg. 1932, Dr. phil., ist Professor für
Pädagogik und Sozialpädagogik an der Universität Göttin-
gen.

CIP-Titelaufnahme der Deutschen Bibliothek

Giesecke, Hermann:
Einführung in die Pädagogik / Hermann Giesecke —
Neuausg. — Weinheim ; München : Juventa Verlag, 1990
 ISBN 3-7799-0595-7

Neuausgabe

© 1990 Juventa Verlag Weinheim und München
Umschlaggestaltung: Atelier Warminski, 6470 Büdingen 8
Umschlagabbildung: Georg Schrimpf, Mutter mit Kind,
1923
Printed in Germany

ISBN 3-7799-0595-7

Vorwort

Dieses Buch erschien in der ersten Ausgabe 1969. Seither wurde es zweimal überarbeitet, für die fünfte Auflage 1973 und für die achte Auflage 1978. Nun erscheint mir eine weitere Überarbeitung dringend geboten, soll das Buch seiner ihm zugedachten Funktion — eine Einführung für Pädagogikstudierende sowie darüber hinaus für aus anderen Gründen interessierte Leser zu sein — weiterhin gerecht werden können. Die vorliegende Neuausgabe folgt im wesentlichen der Grundstruktur der alten. Allerdings wurden eine Reihe von Kürzungen, Streichungen, aber auch Ergänzungen vorgenommen. Gestrichen wurde u.a. das Kapitel „Zum Selbstverständnis des professionellen Pädagogen". Dieses Thema ist inzwischen ausführlicher behandelt in meinem Buch „Pädagogik als Beruf. Grundformen pädagogischen Handelns" (Weinheim-München 1987), das ich als zweiten Teil dieser Einführung betrachte.

Neugefaßt wurde vor allem das dritte Kapitel über Sozialpädagogik, dessen Thema unter dem Stichwort „Jugendhilfe" eine immer größere praktische Bedeutung erlangt hat.

Zu danken habe ich vielen Kollegen, aber auch manchen Studenten für hilfreiche kritische Hinweise, sowie erneut Frau A. Probst für die Herstellung des Manuskriptes.

Göttingen, Herbst 1989

Inhalt

8

Einleitung

Dieses Buch ist – wie sein Titel verrät – eine Einführung in die Pädagogik. Sein Thema ist also das Heranwachsen von Kindern und Jugendlichen. Die Pädagogik betrachtet diesen Prozeß unter dem Gesichtspunkt des Lernens: Was lernen Kinder und Jugendliche dabei von wem und unter welchen Bedingungen? Welche Rolle spielen sie dabei selbst, welche spielen die für sie zuständigen Erwachsenen (z.B. Eltern, Lehrer) und welche Bedeutung haben dabei gesellschaftliche Tatsachen wie Massenmedien, Freizeit, Markt? Der Begriff „Pädagogik" ist doppeldeutig; er meint einmal eine Praxis, nämlich das Handeln derjenigen, die mit Kindern und Jugendlichen umzugehen haben. Er meint aber auch das Nachdenken über dieses Handeln. Pädagogisches Handeln ist eine gesellschaftliche Notwendigkeit, solange Kinder geboren werden, weil man irgendwie mit ihnen umgehen muß. Da nun jeder erwachsene Mensch einmal ein Kind war und wohl auch privat oder beruflich Kinder kennt, hat er auch eine mehr oder weniger differenzierte Vorstellung über pädagogische Fragen. Jedenfalls geht diese Einführung von dieser Vermutung aus und versucht, die daraus resultierenden Erfahrungen anzusprechen. Wer Pädagogik studiert, ist in dieser Sache keine tabula rasa, sondern bringt immer schon Vor-Kenntnisse, Vor-Erfahrungen und Vor-Urteile mit. Aufgabe des Studierens ist, dieses Vor-Bewußtsein zu mobilisieren, zu erweitern, zu differenzieren, zu präzisieren, zu korrigieren. Ich gehe also von der pädagogischen Praxis aus und verstehe die grundlegenden pädagogischen Begriffe wie Erziehung, Bildung, Sozialisation, Lernen, Didaktik, Methodik usw. als Bezeichnungen für *praktische Probleme,* die beim beruflichen oder privaten Umgang mit Kindern und Jugendlichen entstehen.

Es handelt sich hier also nicht um eine Einführung in die Erziehungswissenschaft, die der inneren systematischen Logik dieser Disziplin folgen müßte. Von Erziehungswissenschaft ist vielmehr ausführlicher erst im letzten Kapitel die Rede. Darin soll zum Ausdruck kommen, daß unsere

Wissenschaft wie alle anderen für die pädagogische Praxis relevanten Wissenschaften gegenüber der Praxis eine dienende, nämlich aufklärerische Funktion hat. Für diesen Zweck der Aufklärung ist die historische Dimension von besonderer Bedeutung: wie und warum ist das, was wir heute an pädagogischen Tatsachen und Deutungen vorfinden, so geworden, wie es ist? Nach dieser Frage ist das dritte Kapitel über Sozialpädagogik gestaltet, aber auch im zweiten Kapitel werden − z.B. beim Stichwort „Bildung" − historische Entwicklungslinien skizziert. Eine ausführliche Geschichte der Pädagogik ist dadurch selbstverständlich nicht zu ersetzen, aber von vornherein soll der Blick dafür geschärft werden, daß Pädagogik im wesentlichen ein *historisches,* also sich ständig veränderndes Phänomen ist und kein *natürliches,* unveränderliches. Das laienhafte Vorverständnis sieht dies in der Regel anders, das Aufwachsen von Kindern erscheint ihm eher als die Entfaltung einer inneren Programmierung.

Deshalb setzt das erste Kapitel bei diesem vermuteten Vorverständnis an, indem es den „biologischen und psychologischen Voraussetzungen des Heranwachsens" nachgeht. Dabei zeigt sich unter anderem, daß gerade für das pädagogische Handeln Annahmen über „natürliche", also durch pädagogische Einwirkung nicht veränderbare Vorgaben unergiebig sind.

Ergiebiger ist, so versucht dann das zweite Kapitel zu zeigen, pädagogische Phänomene als historisch-kulturell bedingte zu betrachten, − hier begrenzt auf die Epoche der bürgerlichen Gesellschaft.

Das dritte Kapitel, das von denjenigen Kindern und Jugendlichen handelt, deren Aufwachsen besondere Schwierigkeiten bereitet, ist − wie schon erwähnt − historisch strukturiert, weil sich an diesem Thema besonders eindrucksvoll zeigen läßt, wie ein pädagogisches Problem entsteht, wer es wie definiert, welche Lösungen dafür vorgeschlagen bzw. realisiert werden und wie sich pädagogische Zielvorstellungen mit politisch-ideologischen Interessen verbinden.

Das letzte Kapitel schließlich gilt der Erziehungswissenschaft bzw. überhaupt der Rolle der Wissenschaften im Rahmen der pädagogischen Praxis.

Am Schluß des Buches finden sich Literaturhinweise zu den einzelnen Kapiteln, mit deren Hilfe der Leser ein Problem oder ein Thema weiter verfolgen kann. Sie sind bewußt knapp ausgewählt, damit der Anfänger sich weiter orientieren kann, ohne durch eine Vielzahl von Titeln überwältigt zu werden.

1. Kapitel
Biologische und psychologische Voraussetzungen des Heranwachsens

Wenn wir als Erwachsene einen Säugling betrachten, wird uns das Kernproblem aller Pädagogik bewußt: Der Säugling würde ohne Hilfe anderer Menschen in kurzer Zeit sterben. *Allein* kann er sich keine Nahrung beschaffen, sich nicht vor Kälte und Hitze schützen, nicht die notwendige Körperpflege betreiben. Um diese *physischen Grundbedürfnisse* befriedigen zu können, bedarf es der *Fürsorge* Erwachsener oder jedenfalls hinreichend selbständiger anderer Menschen. Aber selbst wenn diese materiellen Grundbedürfnisse hinreichend befriedigt würden, wäre sein Überleben immer noch nicht gesichert. Er hat, da er ein Menschenkind ist, auch seelische und emotionale Bedürfnisse: nach Aufmerksamkeit, liebevoller Zuwendung und Körperkontakt. Er vermag zum Beispiel durchaus zu registrieren, ob die Mutter beim Stillen ausgeglichen und gelassen ist, oder ob sie unter Streß steht und deshalb angespannt ist.

Aber unser Säugling wird nicht bleiben, was er ist. Er wird und will größer werden, wird seine Familie als soziale Gruppe wahrnehmen, Freunde in der Nachbarschaft finden, vielleicht einen Kindergarten besuchen, aber auf jeden Fall die Schule. Irgendwann wird er erwachsen sein, d.h. er bedarf dann jener besonderen *einseitigen* Fürsorge nicht mehr, wie wir sie Kindern und im abnehmenden Maße Jugendlichen gegenüber aufbringen müssen, sondern er kann nun seine Bedürfnisse selbst organisieren im Rahmen der gesellschaftlichen Möglichkeiten und im gleichberechtigten Austausch mit anderen Erwachsenen.

Dieser Lebensspanne von der Geburt bis zum Erwachsensein galt bisher in der Hauptsache die Aufmerksamkeit der Pädagogik und darauf wollen wir uns auch zunächst konzentrieren.

Um diesen Prozeß des Heranwachsens erfolgreich bestehen zu können, muß der junge Mensch immense Lernleistungen erbringen: kognitive, emotionale und soziale. *Was er lernen muß*, hängt nicht zuletzt davon ab, in welche Kultur er hineinwächst. Er wird andere und sicher schwierigere Lernprozesse durchlaufen müssen, wenn er in unsere „postmoderne" Industriegesellschaft hineinwächst, als wenn er in eine Primitiv-Kultur hineingeboren würde. In unserer modernen Gesellschaft erfolgen diese Lernprozesse vor allem in zwei Formen:

a) Durch tätige Anteilnahme an dem Leben sozialer Gemeinschaften (Familie, Freundeskreis, Gleichaltrigengruppe);

b) durch gezielte Eingriffe („Interventionen") von erwachsenen Berufspädagogen (Kindergärtner, Lehrer, Sozialpädagogen, Freizeitpädagogen).

Nun kann man diesen Prozeß des Heranwachsens aus zwei verschiedenen Sichten beschreiben: Aus der Sicht des Heranwachsenden selbst und aus der Sicht derjenigen Erwachsenen, die für ein Gelingen dieses Prozesses in erster Linie verantwortlich sind, zum Beispiel der Eltern und Lehrer. Bis in unsere unmittelbare Gegenwart hinein hat diese letztere Sicht dominiert. Im Vordergrund stand die Frage, was die *Erwachsenen* mit den Kindern tun sollen, wollen oder können, damit sie nach deren Vorstellungen auch sich richtig entwickeln. Das Kind wurde eher als *Objekt* derartiger Einwirkungen der Erwachsenen gesehen. Erst in jüngster Zeit beginnt sich die Perspektive zu ändern. Nun rückt stärker das Kind als *Subjekt* seines Lebens in den Vordergrund Es wird zunehmend verstanden als ein von früh an handelndes Wesen, das in Auseinandersetzung mit seiner Umwelt Erfahrungen macht, sich seine natürliche und soziale Umwelt Zug um Zug aneignet und seine Persönlichkeit dabei entwickelt. Mit dieser Sicht „vom Kinde aus" wollen wir unsere Überlegungen beginnen.

Die „Weltoffenheit" des Menschen

Wenn wir unseren hilflosen Säugling betrachten, mag sich die Frage aufdrängen, wie es eigentlich möglich sein könnte, daß aus ihm einmal ein Erwachsener wird, der sich im Straßenverkehr bewegen kann, trotz aller Verführungen ein legales Leben führt und mit irgend etwas seinen Lebensunterhalt verdient. Offensichtlich müssen wir unterstellen, daß der Mensch von Geburt an ein „weltoffenes Wesen" ist, dessen Erbausstattung ihm einen verhältnismäßig großen Spielraum für Lern- und Verhaltensmöglichkeiten läßt.

Die von der Natur ermöglichte „Weltoffenheit" des Menschen als Gattung gestattet es ihm, durch Lernen in komplizierte gesellschaftliche Verfassungen hineinzuwachsen und an deren Leben produktiv teilzunehmen. So ist der Satz Kant's zu verstehen, daß der Mensch das einzige Wesen sei, das erzogen werden müsse. Dies gilt prinzipiell für den Menschen als biologische Gattung, gleichgültig, in welcher geschichtlichen Lage oder als Mitglied welcher Rasse er geboren wird. Dies ist der Grund, weshalb in allen uns bekannten Kulturen die Erziehung eine bedeutende Rolle spielt, gleichgültig, ob sie nur als etwas selbstverständlich Überliefertes nahezu bewußtlos getan wird oder ob sie — wie schon in der Antike — philosophisch begründet und untermauert oder — wie in der Gegenwart — mit Hilfe zahlreicher Wissenschaften untersucht und geplant wird.

Die Weltoffenheit des Menschen läßt nun zwei einander widersprechende Folgerungen zu. Einmal läßt sich aus ihr ein hoher pädagogischer Optimismus ableiten. Die Fähigkeiten des Menschen, seine Umwelt zu gestalten und sich selbst darin zu entfalten, scheinen unbegrenzt. Den Menschen durch Erziehung zu seiner höchsten Vollendung zu bringen, scheint ein erreichbares Ziel. Und es hat Zeiten gegeben, wie die Aufklärung, die diesen Optimismus teilten.

Andererseits kann man aber auch die Weltoffenheit des Menschen als Defizit betrachten (der Mensch als „Mängel-

Wesen"), mit dem der Mensch nicht ohne weiteres fertig wird, dem er vielmehr zu entfliehen trachtet; denn „Weltoffenheit" bedeutet ja die Anstrengung, sein Leben selbst zu machen, bedeutet große Konflikte und große Unsicherheit. Der Mensch, so finden einige Anthropologen, versuche das natürliche Defizit gleichsam auszugleichen dadurch, daß er sich Stützen, die ihm die Natur nicht mitgegeben hat, in seiner sozialen Umgebung sucht: zum Beispiel in Institutionen und Ideologien, die die ständige Unsicherheit des Lebens mit Sicherheit ausstatten, mit etwas, woran man sich halten und orientieren kann. Insbesondere Arnold Gehlen hat sich diesem Aspekt der naturgegebenen Weltoffenheit des Menschen in seinen Forschungen zugewandt. Mit einem umfangreichen kulturgeschichtlichen und anthropologischen Material versucht Gehlen zu zeigen, daß der Mensch sein radikales Ausgesetztsein in die Welt keineswegs nur als Glück empfindet. Im Grunde genommen sei der Mensch dem Tier durchweg unterlegen:

„Morphologisch ist nämlich der Mensch im Gegensatz zu allen höheren Säugern hauptsächlich durch Mängel bestimmt, die jeweils im exakt biologischen Sinne als Unangepaßtheiten, Unspezialisiertheiten, als Primitivismen, d.h. als Unentwickeltes zu bezeichnen sind: also wesentlich negativ. Es fehlt das Haarkleid und damit der natürliche Witterungsschutz; es fehlen natürliche Angriffsorgane, aber auch eine zur Flucht geeignete Körperbildung: der Mensch wird von den meisten Tieren an Schärfe der Sinne übertroffen, er hat einen geradezu lebensgefährlichen Mangel an echten Instinkten und er unterliegt während der ganzen Säuglings- und Kinderzeit einer ganz unvergleichlich langfristigen Schutzbedürftigkeit. Mit anderen Worten: innerhalb natürlicher, urwüchsiger Bedingungen würde er als bodenlebend inmitten der gewandtesten Fluchttiere und der gefährlichsten Rautiere schon längst ausgerottet sein. . . der Mensch. . . hat, morphologisch gesehen, so gut wie keine Spezialisierungen. Er besteht aus einer Reihe von Unspezialisiertheiten, die unter entwicklungsbiologischem Gesichtspunkt als Primitivismen erscheinen: sein Gebiß z.B. hat eine primitive Lückenlosigkeit und eine Unbestimmtheit der Struktur, die es weder zu einem Pflanzenfresser- noch zu ei-

nem Fleischfressergebiß, d.h. Raubtiergebiß machen. Ge-
genüber den Großaffen, die hochspezialisierte Baumtiere
mit überentwickelten Armen für Hangelkletterei sind, die
Kletterfuß, Haarkleid, und gewaltigen Eckzahn haben, ist
der Mensch als Naturwesen gesehen hoffnungslos unange-
paßt. Er ist von einer einzigartigen... biologischen Mittello-
sigkeit, und er vergütet diesen Mangel allein durch seine Ar-
beitsfähigkeit oder Handlungsgabe, d.h. durch Hände und
Intelligenz; eben deshalb ist er aufgerichtet, „umsichtig", mit
freigelegten Händen". (A. Gehlen, Der Mensch, S. 33f.).

Diese biologischen Mängel könne und müsse der Mensch
durch Handeln ausgleichen: er müsse die ihm eigentlich
feindliche *Natur* zu einer zu ihm passenden *Kultur* umar-
beiten. Jedoch drohe im Chaos, wenn es ihm nicht gelänge,
sein instinktungesichertes Handeln durch Institutionen zu-
verlässig und kalkulierbar zu machen. Deshalb steht Gehlen den Individualisierungstendenzen der Moderne skeptisch gegenüber.

Die Frage, ob die menschlichen Möglichkeiten des Lernens und des Verhaltens eher optimistisch oder eher pessimistisch einzuschätzen seien, hat durchaus praktische
Konsequenzen. Das gilt zum Beispiel für die Bildungspolitik. Reformbewegungen setzen verständlicherweise immer
eher auf die optimistische Interpretation, während konservative Positionen eher mit der pessimistischen Variante ar-
gumentieren. Ähnliches gilt natürlich auch für die Arbeit
in den pädagogischen Einrichtungen (z.B. Schulen) selbst.
Die in den 70er Jahren entstandenen Gesamtschulen sind
ein gutes Beispiel für Bildungsoptimismus: In der Absicht,
möglichst jeden Schüler optimal zu fördern, wurden eine
Fülle von methodischen Einfällen entwickelt, die nicht nur
darauf zielten, den Unterricht verständlicher zu machen,
sondern auch darauf, das soziale und sprachliche Selbstbewußtsein von Schülern zu unterstützen, die wegen ihrer sozialen Herkunft oder aus individuellen Gründen „bil-
dungsbenachteiligt" sind.

Aus der Erörterung über die Weltoffenheit der menschli-
chen Existenz ergibt sich der fundamentale Ansatz aller
Gedanken über Erziehung: Die Erziehung als Tun und die
Erziehungswissenschaft als Reflexion dieses Tuns gründen

auf der naturbedingten Tatsache, daß der Mensch ein erziehungsbedürftiges beziehungsweise ein lernbedürftiges Wesen ist. *„Lernen" heißt also die Generalüberschrift dessen, womit wir uns beschäftigen. Wir behandeln die Menschen und wir denken über sie nach, insofern sie lernende Wesen sind.* Die biologische Natur des Menschen gibt uns aber wenig Auskünfte über die Einzelheiten des Lernens; denn das Kind wächst von seiner Geburt an sogleich in einer konkreten, geschichtlich gewordenen kulturellen Umwelt heran. Biologische und geschichtlich-kulturelle Faktoren sind schon im ersten Lebensjahr so miteinander verschränkt, daß man sie empirisch kaum noch wieder trennen kann. (L.V. 1).*

Begabung und Bildsamkeit

Damit ist das Problem des Verhältnisses von Erbanlagen und erworbenen Fähigkeiten angesprochen. Inwieweit ist das, was ein Mensch jeweils ist und kann, determiniert durch seine natürlichen Erbanlagen und daher durch Erziehung gar nicht erreichbar, und inwieweit ist dies angelernt dadurch, daß der Mensch gleichsam das freie Feld seiner Weltoffenheit durch Lernen selbst bestellt hat?

Selbstverständlich gibt es so etwas wie Vererbung; vor allem im Hinblick auf bestimmte körperliche Eigentümlichkeiten ist das unübersehbar. Auch wissen wir, daß bestimmte Krankheiten erblich sind. Beim „normalen" körperlich und geistig gesunden Menschen läßt sich nicht eindeutig entscheiden, was Vererbung und was aus der sozialen Umwelt erworben ist. Vielmehr müssen wir davon ausgehen, daß uns von der Natur eine bestimmte erbliche Ausstattung körperlicher und geistig-seelischer Art mitgegeben wurde, die als solche gar nicht erkennbar ist, weil wir vom Säuglingsalter an einen Menschen nur kennen in einem historischen Sozialzustand und nicht in seiner natürlichen „reinen Gestalt". Diese Erbausstattung müssen wir uns sehr breit und plastisch vorstellen, und was wir jeweils an einem konkreten Menschen an Bewußtsein und Verhal-

---

* Die am Schluß von Absätzen mit (L.V.) versehenen Ziffern verweisen auf die unter diesen Ziffern im Literaturverzeichnis genannte weiterführende Literatur.

ten feststellen, das ist immer das Ergebnis von Erbausstattung und Auseinandersetzung mit den Bedingungen der sozio-kulturellen Umwelt, in der die Erb*möglichkeiten* erst zu *Wirklichkeiten* werden.

Damit ist erneut ein zentrales pädagogisches Problem angesprochen, nämlich das Problem von *Begabung und Bildsamkeit*. Wenn ich einem Menschen etwas beibringen will — zum Beispiel musikalische Fähigkeiten — dann muß ich logisch voraussetzen, daß er zu diesem Ziel auch bildbar ist, das heißt, daß seine Erbausstattung diese Möglichkeit mit einschließt. Sonst ist mein Bemühen von vornherein zum Scheitern verurteilt. Aber auch in dieser Frage gibt die Natur uns keine hinreichende Antwort — abgesehen wieder von den krankhaften Sonderfällen, die uns zum Teil in der Sozialpädagogik und in der Sonderpädagogik beschäftigen (z.B. das geistig behinderte Kind). Ob jemand für etwas begabt oder nicht begabt ist, bleibt für die Pädagogik im wesentlichen eine Frage der Praxis. Ob einer für Latein begabt ist oder nicht, kann man zwar im Rahmen allgemeiner Untersuchungen (z.B. Intelligenzprüfungen) mit einer gewissen Wahrscheinlichkeit voraussagen; genau kann man dies aber erst feststellen, wenn man eine genügend lange Zeit mit ihm Lateinunterricht betrieben hat. Ist der Unterricht erfolgreich, so ist der betreffende offensichtlich auch begabt dafür; im Falle des Mißerfolgs ist dagegen noch keineswegs sicher, daß es an der fehlenden Begabung liegt. Das kann viele Gründe haben: Schlechter Unterricht, persönliche Probleme des Schülers, Schwierigkeiten im Lehrer-Schüler-Verhältnis. Mit anderen Worten: Auch die Begabung ist wie die Vererbung im wesentlichen kein natürliches Phänomen, sondern ein sozio-kulturelles.

Die Frage der Begabung gehört in den eben erörterten Zusammenhang des anthropologischen Optimismus beziehungsweise Pessimismus und insofern zu den „heißen Eisen" der Bildungspolitik. Die bei uns bis etwa Ende der 50er Jahre herrschende konservative Bildungspolitik sah das Problem in etwa so: Die Begabungen sind innerhalb der einzelnen sozialen Schichten des Volkes unterschiedlich verteilt, d.h. im statistischen Sinne ist das Kind gebildeter Eltern eher für das Gymnasium geeignet als das Kind von Eltern, die selbst nur die Volksschule besucht haben.

Insofern entspricht das dreigliedrige Schulwesen (Gymnasium, Realschule, Volksschule) im Prinzip auch der Begabungsstruktur des Volkes. Besondere Begabungen aus den unteren Sozialschichten machen sich von selbst bemerkbar und müssen dann auch gefördert werden.

Als die Amerikaner nach dem Zweiten Weltkrieg in ihrer Besatzungszone die Gesamtschule einführen wollten, weil sie das deutsche dreigliedrige Schulwesen für undemokratisch hielten, wandte der damalige bayerische Kultusminister Alois Hundhammer ganz in diesem konservativen Sinne dagegen ein:

„Die Teilnahme an den geistigen Gütern der Menschheit durch Bildung darf nicht das Vorrecht einzelner Stände sein. Deshalb sollen jene Schulen, deren besondere Aufgabe es ist, die von Natur hierzu Befähigten zu höheren und höchsten Bildungszielen zu führen, allen wirklich Begabten ohne Unterschied des Standes und Vermögens der Eltern zugänglich gemacht werden. . . Zwei Tatsachen dürfen freilich in dem berechtigten Ringen um die soziale Gerechtigkeit der Schulverfassung nicht übersehen oder geleugnet werden: einmal die Tatsache, daß die Begabung für höhere Bildungsziele von der Natur nun einmal nur einem zahlenmäßig begrenzten Personenkreis vorbehalten ist; und sodann die weitere Tatsache, daß diese Begabungen sich zwar auf alle Stände und Klassen der Bevölkerung verteilen, nicht aber so, daß sie prozentual völlig gleichmäßig unter den einzelnen Sozialschichten verteilt sind. Diese biologisch gegebene Ungleichheit kann durch keine zivilisatorischen Maßnahmen beseitigt werden, auch nicht durch die Änderung unseres sogenannten zweispurigen Schulsystems zugunsten eines Einheitsschulsystems".

Eine Änderung dieser Auffassung bahnte sich erst in den 60er Jahren an, vor allem durch die Arbeiten des Göttinger Erziehungswissenschaftlers Heinrich Roth. Seine Gegenthese lautete im wesentlichen: Begabung ist kein statisches Phänomen, das ein für allemal feststeht, vielmehr können Kinder auch „begabt werden", wenn man ihnen dazu entsprechende schulische Angebote und ihren Eltern entsprechende finanzielle Hilfen erteilt. Diese Revision des Begabungsverständnisses wurde dann die theoretische Grundlage für die Bildungsreformen der 60er und 70er Jahre.

Es ist zu erwarten, daß die moderne Biologie uns in dieser Frage noch weitere Erkenntnisse präsentieren wird. Aber sie werden nur die Akzente neu setzen können, zum Beispiel in der Hinsicht, daß die Erbanlagen möglicherweise doch mehr determinieren, als wir bisher angenommen haben. Aber auch dann dürfte für die pädagogische Praxis folgendes gelten:

Über die natürliche Begabung wissen wir im normalen Einzelfall nichts Sicheres, manchmal entdecken wir besondere Leistungsfähigkeiten, die wir fördern können; lediglich bei den extremen krankhaften Fällen können wir auf Mängel der natürlichen Erbausstattung zurückschließen. Im Unterschied zu den natürlichen Faktoren, die uns in der Praxis als solche nicht gegeben sind, können wir wohl die sozialen Faktoren weitgehend erforschen. Wo wir beim Menschen auf seine „Natur" und sein „Wesen" zu treffen meinen, stehen wir in Wahrheit vor einem Menschen, der bereits seine natürliche Ausstattung durch Lernen geprägt hat. Oder anders ausgedrückt: Wir werden immer wieder auf die Geschichtlichkeit des Menschen und das heißt eben auch: auf seine Veränderbarkeit verwiesen, anstatt auf seine Natur. Das, was ein Mensch jeweils konkret ist, ist also ein komplexer Zusammenhang von mindestens drei Faktoren: der sehr plastischen *Erbausstattung*, den Bedingungen und Wirkungen der *sozio-kulturellen Umwelt* und dem, was der Einzelne aus diesen beiden „Materialien" durch *Handeln und Lernen* gemacht hat. (L.V.2).

Die Entwicklung des Menschen: seine Ontogenese

Unsere erste fundamentale Einsicht war, daß der Mensch in hohem Maße ein *lernbedürftiges* Wesen ist. Nun folgt daraus aber keineswegs, daß der Mensch zu jedem Zeitpunkt seines Lebens alles Beliebige lernen könne. Vielmehr durchläuft er von seiner Geburt bis zu seinem Tode eine lebensgeschichtliche *Entwicklung,* die vor allem im Kindes- und Jugendalter durch bestimmte *körperliche Reifungsprozesse* mitbestimmt wird. Die individuelle menschliche Entwicklung erfolgt also auf zwei miteinander zusammenhängenden Ebenen:

a) Auf der Ebene der körperlichen Reifungsprozesse, die im wesentlichen genetisch programmiert sein dürften und insofern durch pädagogische Absichten, also durch Lernangebote nicht beeinflußbar sind;

b) auf der Ebene des kognitiven, emotionalen und sozialen Lernens, wovon schon die Rede war.

Allerdings verlaufen diese beiden Prozesse nicht unverbunden nebeneinander her. Vielmehr läßt sich folgendes beobachten:

1. Offensichtlich setzen bestimmte Lernleistungen einen bereits erfolgten körperlichen Reifegrad voraus. Ein Säugling kann z.B. noch nicht Mathematik lernen, weil sein Gehirn dafür noch nicht weit genug entwickelt ist; oder er kann noch nicht Fußball spielen, weil er noch nicht einmal aufrecht stehen kann.

2. Andererseits läßt sich beobachten, daß körperliche Reifungsprozesse sich verzögern, wenn ein Kind nicht die nötigen Lernanreize bekommt, weil es z.B. vernachlässigt wird oder weil es durch seine Umgebung nicht genug stimuliert wird.

Wir müssen annehmen, daß beide Prozesse – Lernen und Reifen – aufeinander angewiesen sind, sich gegenseitig beeinflussen, und das, was sie miteinander verbindet, ist das *Tätigsein* des Kindes. Es bleibt ja nicht in der Wiege liegen, bis es einen gewissen Reifestand erreicht hat. Vielmehr *handelt* es, indem es mit Dingen (z.B. im Spiel) und mit Menschen umgeht. Wer kleine Kinder beobachtet, stellt fest, daß sie unentwegt *tätig* sind. Janusz Korczak, dem wir eine ganze Reihe hervorragender Beschreibungen des tätigen Lernens von Kindern verdanken, berichtet z.B.:

„Bronek möchte die Tür öffnen. Er rückt einen Stuhl heran. Er bleibt stehen und ruht sich aus, bittet aber nicht um Hilfe. Der Stuhl ist schwer, er hat sich sehr geplagt. Jetzt zerrt er abwechselnd an dem einen und dann wieder an dem anderen Stuhlbein. Das geht langsamer, ist aber leichter. Schon steht der Stuhl ganz nah an der Tür, Bronek meint, nun wird er die Türklinke packen können, er krabbelt rauf und steht. Ich halte ihn am Kittelchen fest. Er schwankt unsicher, erschrickt, steigt herunter, schiebt den Stuhl ganz dicht an die Tür, aber seitlich von der Türklinke. Der zweite mißlungene Versuch. Keine Spur von Ungeduld. Er müht sich weiter ab, nur die Ruhepausen sind länger. Zum dritten Mal klettert Bronek hinauf; ein Bein hoch, ein Handgriff, und, auf sein abgewinkeltes Knie gestützt, versucht er, das Gleichgewicht zu halten; eine neue Anstrengung, die Hand umklammert die Kante, er liegt auf dem Bauch; wieder eine Pause, er wirft den Körper vor, kniet, verfängt sich mit den Beinen in seinem Kittelchen und steht wieder. Wie arm sind diese Lilliputs im Lande der Riesen. Immer hoch den Kopf, um etwas zu sehen. Das Fenster irgendwo, ganz da oben, wie im Gefängnis. Um sich auf einen Stuhl zu setzen, muß man ein Akrobat sein. Alle Muskelkraft und die ganze Intelligenz müssen aufgeboten werden, um endlich die Türklinke packen zu können.
Nun ist die Tür offen — er seufzt tief". (J. Korczak: Wie man ein Kind lieben soll, Göttingen 1967, S. 48f.)

Wir verstehen das Heranwachsen von Kindern nicht, wenn wir es nicht vom *Tätigsein* des Kindes her betrachten.

Altersstufen

Genügt es nun, das spontane Tätigwerden des Kindes auf sich beruhen zu lassen, sich als Erwachsener nicht einzumischen, oder müssen die Erwachsenen die Selbsttätigkeit des Kindes unterstützen und ermutigen und vielleicht sogar in eine bestimmte Richtung lenken? In der gegenwärtigen pädagogischen Diskussion spielt diese Frage eine gewisse Rolle, auf die wir unter dem Stichwort „Erziehung" noch zurückkommen werden.

Zunächst ist daran zu erinnern, daß das Tätigsein des Kindes sich ja auch auf die Menschen seiner Umgebung erstreckt, und die müssen ja nun in irgendeiner Weise darauf eingehen, also mit dem Kind kommunizieren, ihm „Rede und Antwort stehen". Wie im Umgang unter Erwachsenen wird dadurch selbstverständlich auch eine *Einwirkung* ausgeübt, und dies ist für das Kind – wie für die Erwachsenen auch – wichtig, weil es sonst mit seinen Bestrebungen ins Leere läuft. Die Frage ist nur, in welcher Weise die Erwachsenen nun dem *Alter des Kindes,* also seinem Entwicklungsstand entsprechend mit ihm umgehen können. Was kann man dem Kind an Lernen und Erfahrung schon zumuten und was noch nicht?

Nun lehrt uns schon die Erfahrung, daß die menschliche Entwicklung einerseits *individuell* verläuft, andererseits aber doch auch in Phasen, die für alle Gleichaltrigen in einer Kultur in etwa *gemeinsam* gelten. In der vorindustriellen Zeit wurden die Kinder schon früh entsprechend ihren Kräften in das Leben der Erwachsenen, vor allem auch in deren Arbeitszwänge einbezogen. Dabei konnten die Erwachsenen einfach durch die Praxis feststellen, wie weit die individuelle Entwicklung bereits gediehen war (obwohl sich die Menschen früher darüber meist wenig Gedanken machten und zumeist ließ die Härte des Lebens dafür auch keine Zeit).

Heute hingegen haben wir es mit einem hochentwickelten Bildungssystem zu tun, das *planmäßig* mit seinen Lernangeboten in das spontane Tätigsein des Kindes hineinwirkt. Das gilt insbesondere für die Schule. Der modernen Schule liegt unter anderem die Idee zugrunde, daß man sich die kindliche Entwicklung in nacheinander ablaufenden *Phasen* oder *Stufen* vorzustellen habe, deren Lernbedürfnisse und Lernmöglichkeiten sich hinreichend beschreiben lassen, so daß sich daraus z.B. Lehrpläne für die Schulen plau-

sibel ergeben können. Dabei spielt dann die weitere Annahme eine Rolle, daß das Kind das seiner Altersphase entsprechende „Lernfutter" auch bekommen müsse, weil es
sonst nicht befähigt würde, produktiv in die nächste Phase
einzutreten.

Seit der Jahrhundertwende hat sich die Entwicklungspsychologie um die Herausarbeitung solcher Altersstufen-
Theorien bemüht, wozu in den letzten Jahrzehnten noch
psychoanalytische Modelle getreten sind. Diese Modelle
können wir hier nicht im einzelnen vorstellen, sie finden
sich in den Lehrbüchern der „pädagogischen Psychologie".
Aber zwei grundlegende Tatsachen sollten festgehalten
werden:

1. Während in der vor-industriellen Zeit die meisten Menschen nur eine kurze Kindheit hatten, die aufhörte, sobald
sie ohne das Zwischenstadium einer Jugendphase am Leben der Erwachsenen teilnehmen konnten, wurde seither
nicht nur die Phase der Kindheit, sondern auch die des Jugendalters aus dem Alltagsleben der Erwachsenen ausgegliedert und eigenen Betreuungs- und Bildungsinstitutio-
nen überlassen. Ferner wurde versucht, diese beiden Le-
bensphasen durch Altersstufen-Konzepte weiter zu differenzieren.

2. Diese Ausdifferenzierung bis hin zu den Altersstufen
diente jedoch keineswegs einem zweckfreien Erkenntnis-
interesse, sondern auch einem praktischen Zweck, nämlich
der Organisation des Bildungswesens. Wenn wir heute in
den Schulen Jahrgangsklassen haben, dann ist das nur
plausibel, wenn wir unterstellen, daß diese Gleichaltrigen
auch eine gemeinsame, aus ihrem Lebensalter resultierende Lernfähigkeit haben.

Mit einem gewissen Recht ließe sich also auch sagen, daß
diese Altersstufen-Theorien zur Rechtfertigung der vorliegenden Organisation des Bildungswesens dienen. Auch andere, am Lebensalter orientierte Entscheidungen müssen
ja getroffen werden: mit welchem Alter soll das Kind in die
Schule gehen, und wann soll der Jugendliche volljährig
werden, also als endgültig erwachsen gelten? Alle solche
Entscheidungen setzen eine Vorstellung darüber voraus,
was *allgemein* einem bestimmten Lebensalter gemäß sei.

Solche Vorstellungen wie auch die vorliegenden Altersstu-
fenmodelle bleiben aber problematisch; denn sie sind wissenschaftlich keineswegs abgesichert. Die Hauptschwierig-
keit liegt in der schon erwähnten Tatsache begründet, daß
der Mensch vom Tage seiner Geburt an nicht nur ein von
seiner Natur definiertes Wesen ist, sondern auch ein kulturell geprägtes. Was er in welchem Alter lernt, ist also auch
in hohem Maße von den Herausforderungen abhängig, die
seine sozio-kulturelle Umgebung ihm stellt. Das Problem
ist jedem Lehrer bekannt: in vielen Klassen gibt es Schüler,
die der Unterricht *unterfordert,* manche langweilen sich
und werden deshalb vielleicht sogar zu „schlechten Schülern". Andere dagegen scheinen *überfordert,* resignieren
vielleicht und werden deshalb möglicherweise ebenfalls zu
„Schulversagern". Wieder andere scheinen sich eine ganze
Weile überhaupt nicht weiterzuentwickeln, bis sie dann auf
einmal einen deutlichen „Sprung nach vorne" machen, ohne daß die Gründe dafür offen auf der Hand lägen.

So steht das pädagogische Handeln vor einem Dilemma:
einerseits brauchen wir, um planmäßige, langfristige Bil-
dungsprozesse organisieren zu können, eine Altersstufen-
Theorie; andererseits kann sie immer nur statistischen
Wert haben, mit im Einzelfalle unter Umständen erheblichen Abweichungen nach oben oder unten. Weil man das
weiß, wird z.B. nicht jeder 6-jährige für schulreif erklärt,
sondern im Zweifelsfall einem „Schulreifetest" unterzo-
gen; und junge Menschen werden mit 18 Jahren zwar volljährig, aber das Jugendstrafrecht kann auch noch auf 18 bis
21-jährige angewandt werden, wenn im Einzelfall der Täter
noch nicht die Reife eines Erwachsenen aufweist. (L.V.3)

Verfrühung (Vorwegnahme) und Verspätung

Aus der Annahme, daß man bestimmten Altersstufen auch
bestimmte Lernaufgaben stellen müsse, hat die Pädagogik
das Problem der Verfrühung beziehungsweise Verspätung
abgeleitet. Damit ist folgendes gemeint: Die den einzelnen
Altersstufen möglichen Lernleistungen müssen tatsächlich
auch herausgefordert werden, sonst werden sie verpaßt

und können nur unter großen Mühen — wenn überhaupt — nachgeholt werden. Ein Beispiel ist die Sprachentwicklung. Wird die Sprachfähigkeit des Kindes in der Familie nicht genügend gefördert, so werden beim Schuleintritt nur schwer nachzuholende Lücken bemerkbar. Geht man von der Vorstellung aus, daß die Entwicklung des Menschen sich in bestimmten, erklärbaren Phasen vollziehe, so liegt die Schlußfolgerung nahe, daß jede Lernphase ihre besonderen Lernangebote braucht, also das, was sie zu ihrer optimalen Entwicklung benötigt. Werden nun bestimmte Lernleistungen zu früh verlangt, so wird die richtige Entwicklung des Kindes ebenso gestört, wie im Falle der Verspätung. So hat man etwa wiederholt behauptet, der Lateinunterricht in der Sexta sei eine Verfrühung, weil in diesem Alter die abstrahierenden Operationen der lateinischen Grammatik noch nicht vollzogen werden können und weil Worte gelernt werden (z.B. res publica), die noch nicht recht verstanden werden können. Das Kind, so meinen Kritiker, müsse dabei den Eindruck gewinnen, Schule sei, wo man lernen soll, was man nicht versteht.

Wenn es aber einen inneren Zusammenhang gibt, wie schon erwähnt wurde, zwischen den körperlichen Reifungsprozessen einerseits und den geistig-seelischen Entwicklungsprozessen andererseits, dann folgt daraus logisch, daß „Verfrühung" (im positiv wertenden Sinne auch „Vorwegnahme" genannt) in gewissem Maße immer nötig für die Entwicklung des Kindes und Jugendlichen ist. Im übrigen ist die Verfrühung mit weit weniger Gefahren verbunden als die Verspätung. In der Regel prallt das, was zu früh kommt, vom Kinde ab, und bedenklich ist Verfrühung eigentlich nur dann, wenn sie gewaltsam aufgezwungen wird, wie leider oft in der Schule. Ein gutes Beispiel für die Widerstandsfähigkeit gegen Verfrühungen sind die sexuellen Fragen im Vorschulalter. Wenn man auf die Fragen des Kindes zu viel antwortet, merkt man deutlich, daß es von einem bestimmten Punkte an nicht mehr zuhört; es interessiert sich in diesem Augenblick für bestimmte Einzelheiten gar nicht.

Solche Überlegungen über Verfrühung und Verspätung setzen jedoch voraus, daß die Pädagogen die Lernprozesse auch entsprechend zu steuern vermögen. Dies ist jedoch allenfalls noch für die frühe Kindheit anzunehmen, — und auch hier schon mit Einschränkungen; denn die Massenmedien z.B. dringen heute in jede Kinderstube ein und keineswegs nur mit für Kinder bestimmten Sendungen. Zunehmend müssen die Kinder und Jugendlichen selbst mitentscheiden, was das ihrem Alter entsprechende „Lernfutter" ist. Kinder leben heute nur noch sehr eingeschränkt in einem für ihre Lernbedürfnisse „zubereiteten Erfahrungsraum"; sie leben immer auch schon in der Welt der Erwachsenen, — mit Ausnahme der Arbeitswelt. (L.V.4)

Die Geschichtlichkeit der Ontogenese

Der Mensch durchläuft also von Geburt an eine Entwicklung, über deren Phasen es verschiedene Theorien gibt. Diese Phasen haben aber nur in einem sehr weiten Rahmen den Charakter naturgesetzlicher Abläufe, gegen die wir nichts machen können. So wie der Mensch von Geburt an ein weltoffenes Wesen ist, so ist auch seine individuelle Entwicklung (= Ontogenese) in einem mehr oder weniger weiten Rahmen offen, d.h. durch Lernleistungen ausfüllbar und prägbar. Es ist wichtig, sich an dieser Stelle von falschen Vorstellungen freizumachen, etwa von der, Erziehung sei nur die Hilfe zur Entfaltung dessen, was keimhaft in den Erbanlagen schon angelegt sei. Nach der „Natur" der Ontogenese zu fragen, hat wenig Sinn, weil der Mensch zu jedem Zeitpunkt das, was er ist, wesentlich auch durch das ist, was er schon gelernt hat.

Zudem müssen wir annehmen, daß die Ontogenese des Menschen starken geschichtlichen Wandlungen unterliegt, weil sich ja auch die sozio-kulturellen Bedingungen der Umwelt verändern. Zwar hat es zu allen Zeiten Kinder gegeben, die erst erwachsen werden mußten, aber die Entstehung der Kindheit als einer *eigentümlichen* menschlichen Lebensphase, der man besondere Aufmerksamkeit widmen muß, und die Entdeckung, daß das Erwachsenwerden ein allgemeines Problem ist, erfolgen erst um die Mitte des 18. Jahrhunderts. Wir müssen uns heute darüber wundern, mit wie jungen Jahren in früheren Zeiten junge Menschen — gemessen an ihren Leistungen — erwachsen waren.

Der Turnvater Jahn z.B. konnte mit vier Jahren lesen und schreiben; Rhinjnves Feith, ein niederländischer Dichter zur Zeit der französischen Revolution, war mit 13 Jahren reif für die Universität; Heinrich Jung-Stilling, ein Jugendfreund Goethes, las mit elf Jahren Luther und Calvin; ein Freund Heinrich IV, d'Aubigné, geboren 1550, las mit sechs Jahren Griechisch, Latein und Hebräisch und übersetzte mit acht Jahren Plato ins Französische; Blaise Pascal, 1623 geboren, schrieb mit 12 Jahren eine Abhandlung über den Schall, die starke Beachtung fand. Meist werden solche Beispiele als „vereinzelte Frühbegabungen" abgetan. Aber der niederländische Psychologe Jan Hendrik van den Berg weist in seinem Buch „Metabletica — über die Wandlung des Menschen" (Göttingen 1960) solche Erklärungen als unbefriedigend zurück. In der Tat müssen wir annehmen, daß das, was wir heute „Kindheit" nennen, geschichtliche und kulturelle Ursprünge und Ursachen hat. „Das Kind ist zum Kind *geworden*", sagt van den Berg. Die kulturelle und industrielle Entwicklung der Neuzeit erst habe jenen tiefen Graben des Nichtverstehenkönnens zwischen Kindern und Erwachsenen aufgeworfen, habe einen *Abstand* zwischen beiden entstehen lassen, das Kindsein als Unmündigsein radikalisiert. Weil die Welt der Erwachsenen dem Kinde entrückt sei, das Kind daran nicht mehr selbstverständlich Tag für Tag unmittelbar teilnehmen könne, sei das Erwachsenwerden und das dazu nötige Lernen überhaupt erst zum Problem geworden.

„Ohne es zu wissen und sicherlich auch ohne es zu wollen, hält der Erwachsene durch seine besondere Form der Erwachsenheit das Kind solange wie möglich in einem kindlichen oder jugendlichen, auf jeden Fall nicht-verantwortlichen, d.h.: unerwachsenen Zustand. Wohl gibt der Erwachsene dem Kind fortwährend ein Modell, nach dem es seine Erwachsenheit einrichten kann; jedes Modell hat dabei gewiß die Bedeutung einer Aufforderung, erwachsen zu werden, aber es enthält zu gleicher Zeit ein Verbot, wirklich und vollends erwachsen zu sein. Während das Kind probiert, zu den Erwachsenen zu gelangen, geht der Erwachsene mit einladender Geste rückwärts: jedesmal setzt er dem Kind eine neue Lebensphase (ein neues Modell, ein neues Probestückchen) vor, jedesmal entdeckt das Kind, daß es den Erwach-

senen nicht erreichen kann. . . jedesmal schiebt der Erwachsene zwischen sich und das Kind eine neue Lebensphase. Das Kind erreicht den Erwachsenen nie — bis zu dem Augenblick, in dem die Gesellschaft ihr „Fiat" gibt: Beruf und Ehe endlich zuläßt". (S. 77f.)

Skeptisch hinsichtlich der weitverbreiteten Fortschrittsgläubigkeit in Sachen Erziehung argumentiert auch der französische Sozialhistoriker Philippe Ariès in seinem Buch „Geschichte der Kindheit" (1975). Die neuzeitliche, immer perfekter organisierte Erziehung in Familie und Schule sei keineswegs ein ungetrübtes Glück für das Kind, habe es vielmehr Zug um Zug aus dem Erfahrungsraum der Erwachsenen herausgerissen und ihm stattdessen einen daran gemessen nur noch künstlichen Erfahrungsraum wie die Schule zugebilligt.

„Die mittelalterliche Zivilisation. . . hatte keine Vorstellung von Erziehung. Heute hängt unsere Gesellschaft vom Erfolg ihres Erziehungssystems ab, und sie weiß das. Sie hat ein Erziehungssystem, eine bestimmte Vorstellung von Erziehung und ist sich ihrer Bedeutung bewußt. Neue Wissenschaften wie die Psychoanalyse, die Pädiatrie und die Psychologie widmen sich den Problemen der Kindheit, und ihre Anweisungen erreichen die Eltern auf dem Wege über eine umfassende populärwissenschaftliche Literatur. Unsere Welt ist von den physischen, moralischen und sexuellen Problemen der Kindheit geradezu besessen. Ein derartiges Interesse kannte die mittelalterliche Kultur einfach nicht, weil es hier aus ihrer Sicht überhaupt keine Probleme gab: das Kind nahm sofort nach der Entwöhnung oder wenig später ganz selbstverständlich seinen Platz an der Seite der Erwachsenen ein". (S. 559)

Im Jahre 1977 erschien in deutscher Übersetzung ein Buch mit dem provozierenden Titel „Hört Ihr die Kinder weinen. . .". Zehn psychoanalytisch orientierte Historiker hatten sich daran gemacht, die Geschichte der Kindheit in der westlichen Welt zu erforschen, und zwar unter dem Gesichtspunkt der Eltern-Kind-Beziehungen. Im Unterschied zu Ariès und van den Berg glaubt Lloyd de Mause, der Herausgeber, dabei einen unverkennbaren Fortschritt zu erkennen. Je mehr die Menschen in der Folge der Generationen lernten, sich in das Alter ihrer Kinder und in ihre eigenen damaligen Ängste zurückzuversetzen, um so mehr lernten sie auch, sich in ihre Kinder verständnisvoll einzufühlen. Von der Antike bis zur Gegenwart ließen sich so sechs aufeinander folgende Beziehungsformen unterscheiden, deren höchste, in der Gegenwart sich allmählich durchsetzende Form die der „Unterstützung" sei.

„Die Beziehungsform Unterstützung beruht auf der Auffassung, daß das Kind besser als seine Eltern weiß, was es in jedem Stadium seines Lebens braucht. Sie bezieht beide Eltern in das Leben des Kindes ein; die Eltern versuchen, sich in die sich erweiternden und besonderen Bedürfnisse des Kindes einzufühlen und sie zu erfüllen. Bei dieser Beziehungsform fehlt jeglicher Versuch der Disziplinierung oder der Formung von „Gewohnheiten". Die Kinder werden weder geschlagen noch gescholten, und man entschuldigt sich bei ihnen, wenn sie einmal unter großem Streß angeschrien werden. Diese Form verlangt von beiden Eltern außerordentlich viel Zeit, Energie und Diskussionsbereitschaft, insbesondere während der ersten sechs Jahre, denn einem kleinen Kind dabei zu helfen, seine täglichen Ziele zu erreichen, bedeutet, ständig auf es einzugehen, mit ihm zu spielen, seine Regressionen zu tolerieren, ihm zu dienen, statt sich von ihm bedienen zu lassen, seine emotionalen Konflikte zu interpretieren und ihm die für seine sich entwickelnde Interessen erforderlichen Gegenstände zur Verfügung zu stellen". (S. 84f.)

Nun erweckt diese Argumentation sogleich den Verdacht, hier werde eine aktuelle, modische Erziehungspraktik lediglich historisch gerechtfertigt. Es ist nämlich fraglich, ob diese nicht-direktive Beziehungsform die Kinder wirklich glücklicher macht als sie es in früheren Zeiten waren; denn immerhin werden dem Kind so ständig Initiativen, Entscheidungen, Begründungen und Rechtfertigungen zugemutet, — ein durchaus anstrengendes Leben! Zudem ist die Frage, ob optimale Beziehungen zu den Eltern, die man ja schließlich einmal verlassen muß, wirklich *die* Bedeutung für Kinder haben, die hier unterstellt wird. Sind nicht auch Aspekte der *sozialen Geborgenheit* wichtig, — in der Familie, unter den Gleichaltrigen, in der Schule?

Die Überlegungen von Ariès und van den Berg könnten andererseits zu romantischen Wünschen nach einem „heilen" gesellschaftlichen Zustand verführen, der vieles von dem zu haben schien, was wir heute vermissen, der aber nicht wieder hergestellt werden kann. Andererseits könnten sie aber auch zu einer kritischen Skepsis gegenüber *allen* organisierten Erziehungsbemühungen führen mit dem Ziel, sie auf das notwendige Maß zu beschränken. Immerhin müssen wir auch bedenken, daß viele Errungenschaften der modernen Gesellschaft wie Individualität, Autonomie und persönliche Freiheit jene Ausgliederungsprozesse (Trennung von Familie und Beruf; Trennung von Schule und Leben) im Prinzip zur Voraussetzung haben. In jener von Ariès beschriebenen mittelalterlichen Gesellschaft hätte all dieses keinen Sinn und keine Chance gehabt.

Derlei kritische Anmerkungen werden unterstützt durch eine These, die Norbert Elias in seinem zweibändigen Werk „Über den Prozeß der Zivilisation" (2. Aufl. Frankfurt 1977) entfaltet. Im Prozeß der modernen Zivilisation würden die öffentlichen Aufgaben (z.B. Steuererhebung, Polizeigewalt, Rechts- und Friedensordnung) zunehmend zentralisiert. Diese Aufgaben seien früher von nachbarschaftlichen und regionalen Institutionen beziehungsweise Sozialverbänden (z.B. Zünfte) erledigt worden. Die Normen, nach denen sich die Menschen zu richten hatten, seien also eher in ihrem Alltag präsent gewesen; was die Menschen zu tun oder zu lassen hatten, sei anschaulich aus der unmittelbaren sozialen Rückmeldung zu erkennen gewesen. Indem nun die Einflüsse solcher regionalen Institutionen zurückgingen, hätten die Menschen zunehmend lernen müssen, durch individuelle Selbstkontrolle und durch innere Disziplinierung, also durch eine Art von verinnerlichter Moral ihr Verhalten zu steuern. Diese Fähigkeiten hätten nun nicht mehr durch bloße Teilnahme am Alltagsleben gelernt werden können, sondern nur noch durch langfristige und planmäßige Erziehung.

Wie immer man die historische Entwicklung in der Neuzeit deuten mag, sie hat die Entwicklung des Menschen, seine Ontogenese erheblich verändert und es spricht nichts dagegen, daß das auch in der Zukunft so sein wird. (L.V.5)

Die Triebe und ihre Sozialisierung

Wenn wir den Begriff der „Anlage", also der natürlichen Erbausstattung weit genug fassen, können wir auch die „Triebe" darin unterbringen, d.h. jene Lebensimpulse, die den Säugling — und natürlich auch den Erwachsenen — am Leben erhalten und ihm Kraft für seine Ziele und seinen Willen geben. Allerdings können wir die Existenz solcher Triebe nur im Sinne eines logischen Rückschlusses vermuten, sie sind uns empirisch nicht gegeben. Immerhin gibt es eine wissenschaftliche Theorie, die sich damit befaßt, und die seit etwa 20 Jahren zunehmenden Einfluß auf das pädagogische Denken und Handeln gewonnen hat: die Psychoanalyse.

Pädagogisch relevante Kernstücke ihrer Theorie sind die Lehre von den menschlichen Trieben und von dem, was im Verlauf der Lebensgeschichte aus ihnen wird, sowie ein Stufenmodell der frühkindlichen seelischen Entwicklung.

Sigmund Freud, der Begründer der Psychoanalyse, nannte die seelische Energie, mit der der Mensch von Anfang an ausgestattet ist, „Libido". Nach seiner Theorie ist der Mensch bei seiner Geburt mit einem diffusen Triebpotential ausgestattet (Es), das nach Lust und immer mehr Lust strebt. Die ursprüngliche Tendenz des Säuglings zum ungehemmten Luststreben würde aber zur Selbstvernichtung, zum Tode führen. Es kommt also darauf an, die Triebbedürfnisse mit den gesellschaftlichen Normen, mit den Anforderungen der sozialen Realität, in Einklang zu bringen. Diese Aufgabe übernimmt die psychische Instanz des Ich. Das Ich jedoch kann solche Vermittlungen nicht ständig neu spontan herstellen, es benötigt vielmehr dazu allgemeine Grundsätze und Strategien, gewissermaßen Leitgesichtspunkte des „Gewissens", die im Über-Ich allmählich aufgebaut werden. Im Über-Ich werden also die durch die Bezugspersonen vermittelten Normen verinnerlicht, so daß auf die Dauer selbständiges normengerechtes Verhalten möglich wird, das nicht mehr der ständigen sozialen Kontrolle von außen bedarf. Während das Es in der natürlichen Ausstattung mitgegeben ist, sind Ich und Über-Ich kulturell erworbene, also gelernte Leistungen der Person. Eine der wichtigsten Bedingungen nun dafür, daß der Mensch die geforderte Vermittlung zwischen Triebbedürfnis und den Ansprüchen der Realität überhaupt erlernen kann, ist, daß ihm für den geforderten Triebverzicht auch eine entsprechende Entschädigung gewährt wird: nämlich die liebevolle, affektive Zuwendung seiner Bezugspersonen, in der Regel zunächst der Mutter. Diese *verlangt* nicht nur etwas, nämlich Einpassung der Triebe in die dafür vorgesehenen Regeln und Objekte der Realität, sie *gibt* auch etwas dafür: eben das Gefühl des Geliebtwerdens, der regelmäßigen Versorgung, der Geborgenheit. Daß von Anfang an auf diesem Hintergrund solche wechselseitigen Gefühls-Muster entstehen, hält die Psychoanalyse für eine wichtige Bedingung der Persönlichkeitsentwicklung. Wo sie nicht oder nur unvollständig zustandekommen, treten bedenkliche Fehlentwicklungen ein.

Nach der Lehre der Psychoanalyse befinden sich zeitlebens die Triebbedürfnisse in einem Widerspruch zu den Anforderungen der Realität. Die Realität verlangt Anpassung an bestimmte soziale Gewohnheiten und Spielregeln sowie an bestimmte Leistungsanforderungen z.B. der Schule oder der Arbeitswelt. Solche Leistungen können nur erbracht werden, wenn man Triebwünsche „unterdrückt". Auf diese Weise werden sie aber nicht beseitigt, sondern nur ins Unterbewußtsein „verdrängt". Dieser Konflikt zwischen Triebwunsch und den Anforderungen der Realität ist prinzipiell nicht aufhebbar, wohl aber kann er gemildert werden; er ist nämlich auch eine wichtige Voraussetzung für die menschliche Leistungsfähigkeit, insofern diese – ob als freiwillige oder erzwungene – wesentlich in der Abarbeitung an der Realität erwächst. Alle menschliche Kultur ist demnach das Ergebnis von „Sublimierung" der Triebe.

Dieses „Triebschicksal" vollzieht sich jedoch nach Freud in festgelegten, aufeinander folgenden Stufen: der *oralen* Phase (1. Lebensjahr) folgen die *anale* (2.-3. Lebensjahr) und die *genitale* (4.-5. Lebensjahr). Diese Phasen kennzeichnen diejenigen Körperzonen, aus denen jeweils hauptsächlich der Lustgewinn gezogen wird. In der genitalen Phase wünscht das Kind sexuelle Zuwendung vom gegengeschlechtlichen Elternteil, erfährt aber, daß dies verboten ist, und identifiziert sich mit dem gleichgeschlechtlichen Elternteil. Aus der Verarbeitung dieses „Ödipus-Komplexes" erwachsen Strafängste und soziale Normen. Danach erfolgt eine sexuelle Latenzzeit, bis das erwachsene Sexualleben beginnt.

Erhält nun das Kind in einer dieser Phasen zuviel oder zuwenig Befriedigung, dann entwickelt es sich psychisch nicht zur nächsten Stufe weiter, sondern bleibt sein Leben lang auf diese Stufe emotional fixiert. Wird z.B. ein Kind im 4. Lebensjahr nicht zärtlich behandelt, sondern schroff abgelehnt, muß es aus Angst sowohl seinen Wunsch nach Zärtlichkeit als auch seine Aggressivität gegenüber den Eltern verdrängen. Beides bleibt aber als Energie erhalten, und der spätere Erwachsene wird unbewußt die früher entzogene Zärtlichkeit immer wieder in seinen Beziehungen zu anderen Erwachsenen zu bekommen versuchen. Mit anderen Worten: er hat ein „Trauma" erlebt, das sein ganzes weiteres Leben bestimmen wird, wenn es nicht durch eine Therapie bewußtgemacht und so verarbeitet werden kann.

Dieses von Freud erstmals vorgetragene Grundmuster ist inzwischen in vielfältiger Weise modifiziert worden, womit wir uns hier nicht näher befassen können. Erhalten geblieben ist aber die Vorstellung von einer psychischen Entwicklung, die in bestimmten Phasen verlaufen muß.

Die Wirkung dieser Lehre auf die gegenwärtige Pädagogik beruht vor allem auf drei Konsequenzen:

1. Die Psychoanalyse bietet nicht nur Erklärungen für *Einzelfälle* von psychischen Erkrankungen an, sie erklärt vielmehr *generell* erwachsenes Verhalten aus frühkindlichen Erfahrungen. Da nun viele Erwachsene irgendwelche *Probleme* haben (z.B. Partner-Probleme; Kontaktprobleme usw.), bietet die Deutung, es müsse sich dabei um Folgen frühkindlicher Depravierungen handeln, einmal eine Lösungsmöglichkeit an (Aufarbeitung dieser frühen Erfahrungen), und zum anderen die Entlastung von persönlicher Verantwortung für diese Probleme; denn für die in der Kindheit erlittenen seelischen Mängel kann man als Erwachsener schlecht zur Verantwortung gezogen werden.

2. Die zweite Wirkung auf die gegenwärtige Pädagogik besteht in der vorwegnehmenden Überlegung, wie man denn nun die frühkindliche Erziehung so gestalten könne, daß möglichst keine traumatischen Erlebnisse entstehen, die das spätere Erwachsenenleben belasten könnten.

Nun ist es aber ein Unterschied, ob man im Einzelfalle eine schwere seelische Erkrankung (Neurose; Psychose) durch die therapeutische Strategie der Aufarbeitung kindlicher Traumen zu heilen versucht, oder ob man *generell präventiv* vorgeht, indem man durch die Art und Weise der Kindererziehung derartige Belastungen überhaupt vermeiden will. Abgesehen davon, daß dies praktisch gar nicht möglich wäre, gibt für eine derartige *konstruktive Planung* des pädagogischen Handelns die Psychoanalyse aber nicht genügend her. Wenn es darauf ankommt, daß das Kind in jeder Phase nicht zu viel und nicht zu wenig Befriedigung bekommt, dann ist in der aktuellen pädagogischen Handlungssituation unentscheidbar, wie viel denn „zu viel" oder „zu wenig" ist. So ist die Gefahr groß, daß über die psychoanalytischen Grundannahmen sich pädagogische Ideologien ausbreiten, die ihre Berechtigung scheinbar aus dieser Lehre beziehen (daß man z.B. die Kinder wieder strenger erziehen müsse, oder daß man umgekehrt möglichst gar nicht eingreifen solle).

3. Die psychoanalytische Theorie über die seelische Entwicklung des Kindes hat in den pädagogischen Wissenschaften und auch in der öffentlichen Diskussion über Erziehungsfragen zu einer Aufwertung der emotional-affektiven Aspekte des Umgangs mit Kindern geführt und zu einer Abwertung der rational-sozialen Aspekte. Die sozialen Milieus, in denen Kinder leben (vor allem Familie und Schule) wurden zunehmend einseitig unter dem Aspekt gesehen, ob und in welchem Maße sie Raum für emotional-expressive Lebensäußerungen lassen. Die objektive, d.h. außersubjektive Realität von Institutionen wie Schule oder Primärgruppen wie Familie wird vielfach auf die emotional befriedigende oder nichtbefriedigende „Beziehungsebene" reduziert. Auf diese Weise drohen illusorische, weltfremde Maßstäbe in den Umgang mit Kindern einzudringen; denn hochentwickelte, moderne Gesellschaften einschließlich ihrer Teilsysteme wie Schule sind nur ver-

stehbar und „überlebbar", wenn man ihnen gerade auch in der Kritik mit rationaler Vernunft entgegentritt, wenn man es also versteht, die emotional-affektiven Bedürfnisse in die dafür vorgesehenen sozialen Orte (z.B. Familie, Freundschaften) zu verlagern.

Die *generelle* These, daß frühkindliche Traumen das weitere Leben bestimmen, hat in den letzten Jahren gerade auch unter tiefpsychologisch orientierten Wissenschaftlern Kritik provoziert. So untersucht z.B. Hansjörg Hemminger in seinem Buch „Kindheit als Schicksal?" (1982) die „Langzeitfolgen frühkindlicher seelischer Verletzungen". Seine Auswertung des vorliegenden empirischen Materials führt zu folgendem Ergebnis:

1. Frühkindliche Traumen können durch spätere Erfahrungen korrigiert werden. Viele unter traumatischen familiären Verhältnissen leidende Kinder wurden später ganz normale Erwachsene.

2. Jedes Alter, nicht nur die frühe Kindheit, kann Erfahrungen aufbauen, die das Verhalten des späteren Erwachsenen entscheidend beeinflussen.

3. Wichtig ist das gesamte Milieu der Kindheit, nicht die Beziehung zu einer bestimmten Einzelperson. Ein bedeutsamer „Risikofaktor" ist jedoch der Verlust einer geliebten Beziehungsperson.

4. Abgesehen von frühem Beziehungsabbruch und früher Bindungslosigkeit gibt es keinen Hinweis darauf, daß Störungen im Verhalten von Erwachsenen direkt mit frühkindlichen Traumata erklärt werden können.
5. Es gibt nur „Risiko-Faktoren", die im Einzelfall so gravierend sind, daß sie zu neurotischen, phobischen oder dissozialen Entwicklungen führen können.

Nun wäre es jedoch falsch, aus dieser Relativierung der frühkindlichen Erlebnisse den Schluß zu ziehen, man dürfe die pädagogische Aufmerksamkeit gegenüber dieser Lebensphase wieder verringern, die wir ja nicht zuletzt den psychoanalytischen Konzepten verdanken. Wenn wir die Risiko-Faktoren für frühkindliche Schädigungen kennen (vor allem: Trennungsverlust, Bindungslosigkeit, körperliche Schmerzen, fortlaufende Verhinderung von Bedürfnisbefriedigung, Kränkung des Selbstwertgefühls), dann sind wir nicht nur in der Lage, sondern auch moralisch verpflichtet, solche Risiken nach Möglichkeit zu vermeiden. (L.V.6)

2. Kapitel
Die geschichtlich-gesellschaft-
liche Dimension der Pädagogik

Pädagogik im bürgerlichen Zeitalter

Pädagogisches Denken und Handeln sind also kulturelle Phänomene und damit geschichtliche. Die Probleme der Pädagogik, ihre Ziele und Methoden ändern sich im Verlaufe der Geschichte. Dies ist nicht nur in dem allgemeinen Sinne gemeint, daß „alles fließt"; das heißt vielmehr präziser, daß Pädagogik als Praxis und als Theorie gebunden ist an die realgeschichtliche Entwicklung: an die jeweiligen Herrschaftsverhältnisse, an die ökonomischen Bedingungen, an die herrschenden Ideologien, an die jeweilige soziale Schichtung usw. Neue Ideen in der Erziehung korrespondieren immer auch mit neuen gesellschaftlichen Problemen, versuchen neue gesellschaftliche Probleme in neue Lernaufgaben und Lernorganisationen umzusetzen. Die pädagogischen Ideen entwickeln sich nicht im luftleeren Raum, nicht aus sich selbst heraus, sondern sind in dem Sinne geschichtliche Ideen, daß sie bewußt oder unbewußt Partei ergreifen innerhalb der politischen und sozialen Auseinandersetzungen ihrer Zeit.

In diesem Sinne haben die *Klassiker* der Pädagogik für uns eine wichtige, aufschließende Bedeutung. Allerdings muß die Interpretation ihrer Texte eingebettet bleiben in den kulturellen und gesellschaftlichen Zusammenhang, in dem sie stehen. Die Klassiker zeitlos zu verstehen, als hätten sie ihre Texte auch heute schreiben können oder als könnten sie noch unter uns sein, heißt, sie falsch verstehen. In einem naiven Verständnis wird „klassisch" oft mit „zeitlos gültig" gleichgesetzt, ein „Klassiker" ist danach jemand, der „ein für allemal" das Richtige oder wenigstens das Wichtige gesagt hat. In einer recht verstandenen geschichtlichen Interpretation repräsentieren die Klassiker jedoch gewisse „Schaltstellen" in der Geschichte der Erziehung. Und die Beschäftigung mit ihnen ermöglicht uns, auf die Entstehungssituation eines Problems zurückzugehen, das bei ihnen auf einem hohen Niveau gleichsam zum ersten Mal dargestellt wurde. Geschichtlichkeit aller pädagogischen Probleme und Lösungsvorschläge bedeutet, daß die Probleme, vor denen wir heute stehen, irgendwann in der Geschichte entstanden sind, dort zum ersten Mal formuliert wurden, im Rahmen ganz bestimmter Traditionen und gesellschaftlicher Verhältnisse. Diese Problemstellungen sowie die daraus abgeleiteten Lösungsvorschläge müssen wir heute immer wieder überprüfen. So hat z.B. Rousseau zum ersten Mal die These vom defizienten Charakter des vergesellschafteten Menschen formuliert, d.h.: der Mensch *verliert* auch Möglichkeiten seines Menschseins, wenn er in einer bestimmten Kultur erzogen wird. Er könnte immer mehr oder anderes sein, als das, was seine kulturelle Umgebung ihm zu sein erlaubt. Oder Marx hat auf den „Klassencharakter" aller Erziehung hingewiesen, was heißt: alle Erziehung spiegelt primär ökonomisch begründete Herrschaftsverhältnisse von Menschen über Menschen wider; Erziehung ist selbst eine Form von gesellschaftlicher Herrschaft. Da in der Gesellschaft nicht alle Gruppen und Schichten gleichen Einfluß an Macht und Herrschaft haben, wird auch die organisierte Erziehung — zum Beispiel in der Schule — von den Interessen derer weitgehend bestimmt, die ihre Macht erhalten wollen. Geschichtlichkeit aller pädagogischen Probleme heißt aber auch umgekehrt, daß neue Probleme auftauchen, für die neue Lösungen gefunden werden müssen und bei denen es wenig nützt, die alten Klassiker zu befragen, weil diese auf ein Problem, das es zu ihrer Zeit noch nicht gab, auch keine Antwort geben konnten. Zu diesen neuen Problemen gehören etwa die Verwissenschaftlichung unseres ganzen Lebens, die Freizeit der Massen, die Massenkommunikationsmittel und anderes mehr.

Von besonderem Interesse für die pädagogische Ausbildung dürften jene Klassiker sein, die selbst eine praktische pädagogische Arbeit geleistet haben und dann versuchten, ihre Erfahrungen zu verallgemeinern und zu systematisieren. Zu denken ist da unter anderem an Pestalozzis Kindererziehung in Stans, an Fröbels und Montessoris Kindergartenpädagogik, an Makarenkos Resozialisierungskolonien und an Korcask's jüdisches Waisenhaus im Warschauer Getto.

Unsere Überlegungen zeigen, daß es zur Geschichte der Pädagogik verschiedene Zugänge gibt. Historische Prozesse kann man ja nicht einfach „abfotographieren"; um aus ihnen Erkenntnisse zu gewinnen, müssen wir geeignete *Fragen* stellen. Im wesentlichen lassen sich folgende Zugänge zur Geschichte der Pädagogik unterscheiden.

1. Der geistesgeschichtliche Zugang. Hier geht es im wesentlichen um die Geschichte des pädagogischen Denkens, wobei im allgemeinen ein Fortschritt vermutet wird. Unser gegenwärtiges Denken über Erziehung, Bildung, Didaktik, über das Kind und seine Erzieher wird in seiner historischen Genese rekonstruiert: Wir verstehen uns mit unseren Vor-Denkern gleichsam als Kollegen in einer Tradition stehend, versuchen ihre Gedanken so zu sortieren, daß wir daraus für uns Nutzen ziehen können.

Dieser geistesgeschichtliche Zugang war noch bis etwa zu den 50er Jahren der vorherrschende. Sein Problem war und ist, daß er die real- und vor allem sozialgeschichtlichen Hintergründe des pädagogischen Denkens vernachlässigte.

2. Der institutionengeschichtliche Zugang. Bei diesem Zugang werden real- und geistesgeschichtliche Bedingungen zusammengesehen im Hinblick auf die Frage, wann und warum eine bestimmte pädagogische Institution — z.B. die Volksschule, das Gymnasium, die Jugendpflege — entstanden ist, und welche Ideen und Interessen ihre weitere Entwicklung wie geprägt haben.

3. Der problemgeschichtliche Zugang. Unter diesem Gesichtspunkt wird das gegenwärtige Erziehungs- und Bildungssystem im ganzen wie im einzelnen als Ergebnis von *Problemlösungen* verstanden. Welche Probleme sollten z.B. damals eigentlich gelöst werden, als die allgemeine Volksschulpflicht eingeführt wurde? Gibt es diese Probleme immer noch oder haben sie sich geändert? Diese Sicht ist also besonders geeignet, die Selbstverständlichkeit des gegenwärtigen Bildungs- und Erziehungssystem und seiner argumentativen Rechtfertigung kritisch zu überprüfen. Vielleicht gibt es das Problem gar nicht mehr, zu dessen Lösung eine bestimmte pädagogische Einrichtung dienen sollte? Vielleicht ist diese Einrichtung inzwischen selbst zum Problem geworden? Nun gibt es Probleme ja nicht von Natur aus; sie wachsen nicht aus dem Boden und werden dann als solche von den Fachleuten erkannt. Probleme gibt es nur, wenn jemand sie mit einer hinreichenden öffentlichen Wirkung als solche *definieren* kann. Es gäbe heute keine Frauenbewegung, wenn nicht irgendwann irgendwer die Benachteiligung von Frauen zu einem öffentlichen Problem erklärt hätte. Noch anschaulicher ist aber vielleicht ein Problem der gegenwärtigen Pädagogik, von dem noch nicht klar ist, ob es öffentlich als ein solches akzeptiert werden wird:

Nach jahrzehntelangen Kämpfen ist die sogenannte Koedukation durchgesetzt worden, daß also Jungen und Mädchen die gleichen Schulen besuchen können, gemeinsam unterrichtet werden. Nun werden aber Stimmen laut, die glauben nachweisen zu können, daß Mädchen dadurch zumindest in der Mittelstufe des Gymnasiums benachteiligt werden, z.B. weil die Jungen in diesem Alter mehr Aufmerksamkeit erregen, sich mehr in den Vordergrund drängen. Zum *Problem* wird dies aber erst dann, wenn es gelingt, eine genügend wirkungsvolle Öffentlichkeit für Änderungen zu mobilisieren, z.B. Jungen und Mädchen teilweise wieder getrennt zu unterrichten.

4. Der epochal-strukturelle Zugang. Dieser Zugang unterstellt, daß die gesellschaftlichen Strukturen und die ihnen entsprechenden Normen und Werte für einen bestimmten historischen Zeitraum trotz aller Weiterentwicklung im einzelnen so weit gleichbleiben, daß man von einer Epoche sprechen kann. Das damit Gemeinte läßt sich noch einmal an unseren Klassikern veranschaulichen. Man ist immer wieder überrascht, wie scharfsichtig mancher unserer Klassiker sich über Probleme geäußert hat, von denen wir meinen, daß sie erst *unsere* Probleme seien; ja, gegenüber den Propheten und Kritikern der bürgerlichen Gesellschaft (z.B. Kant, Rousseau, Hegel, Marx, Humboldt) verblaßt so manche gegenwärtige Publikation, weil sie das früher bereits erlangte Bewußtsein nicht erreicht. In diesem epochalen Sinne muß man z.B. die Zeit seit der Aufklärung bis in die Gegenwart, also die Zeit der bürgerlichen Gesellschaft, als eine Einheit betrachten. In dieser Zeit entsteht überhaupt erst das Problem des Kindheits-und Jugendalters — als eine Begleiterscheinung der modernen bürgerlichen Gesellschaft. Wenn wir heute von „Erziehung" oder „Pädagogik" sprechen, beziehen wir uns eigentlich — ohne uns dessen immer bewußt zu sein — auf diese epochale Problemlage. Mit anderen Worten: Die modernen Klassiker — etwa seit der Aufklärung — sind in bezug zu unserer gegenwärtigen Situation „gleichzeitig" und „ungleichzeitig" zugleich. Sie sind „gleichzeitig", insofern sie die mit dem Aufkommen der bürgerlichen Gesellschaft, der auch wir ja noch angehören, einsetzenden pädagogischen Probleme mehr oder weniger hinreichend formulierten beziehungsweise vorwegnahmen; sie sind „ungleichzeitig", insofern diese Probleme sich in einem Maße veränderten oder verschärften, wie sie es nur zum Teil ahnen konnten, und insofern neue Probleme hinzugekommen sind, die sie in ihrem wahren Ausmaß noch gar nicht erkennen konnten.

Diese vier „Zugänge" zur Geschichte der Pädagogik sind keine voneinander abgrenzbaren wissenschaftlich-historischen *Methoden;* vielmehr sollen sie verdeutlichen, daß es unterschiedliche *Fragestellungen* an das historische Material gibt. Auch lassen sich diese Zugänge nur sehr begrenzt bestimmten pädagogischen Veröffentlichungen zurechnen. Die meisten erziehungswissenschaftlichen Arbeiten kombinieren mehrere Fragestellungen.

Auf die eben erwähnte Epoche der bürgerlichen Gesellschaft beschränkt sich dieses Buch im folgenden.

Pädagogische Implikationen der bürgerlichen Gesellschaft

Damit ist die Frage nach den besonderen Merkmalen dieser bürgerlichen Gesellschaft aufgeworfen. Nun gibt es eine Reihe von politisch-philosophischen Theorien der bürgerlichen Gesellschaft, die sich unter anderem sortieren lassen im Hinblick darauf, ob sie diese Gesellschaft eher optimistisch oder eher pessimistisch sehen. Damit kann ich mich hier nicht auseinandersetzen.

Ich will jedoch versuchen, einige immanente Tendenzen dieser Gesellschaft zu beschreiben, insofern sie für das Aufwachsen von Kindern und Jugendlichen von Bedeutung sind. Dabei fasse ich höchst komplizierte historische Prozesse wie im Zeitraffer zusammen.

1. Die Normen und Werte dieser Gesellschaft werden mehrdeutig, sie werden ‚pluralistisch'. Waren die Menschen früher in ihre Gemeinschaften (z.B. Zünfte) eingebunden, die ihnen ein relativ geschlossenes Normensystem für ihr Alltagsleben anboten, so daß sie ziemlich genau wußten, wie sie sich in allen Lebenssituationen zu verhalten hatten, so können und müssen sie nun wählen etwa zwischen christlichen und nicht-christlichen weltanschaulichen und/oder zwischen „konservativen" oder „fortschrittlichen" politischen Grundpositionen. Es kommt zu einer Konkurrenz der Erziehungsziele, repräsentiert durch machtvolle gesellschaftliche Gruppen (Kirchen, sozialistische Arbeiterbewegung, Gewerkschaften, Unternehmerverbände, Lehrerverbände usw.). Das Erziehungsprivileg der alten Institutionen Familie und Kirche zerbricht allmählich. Aber neue Privilegien entstehen. Nicht alle gesellschaftlichen Gruppen, die pluralistisch um die Beeinflussung der öffentlichen Erziehungseinrichtungen kämpfen, haben das gleiche Maß an Chancen und Einfluß. Wie an den langen Auseinandersetzungen um die Konfessionsschule deutlich zu sehen ist, wird unter den Bedingungen der materiellen gesellschaftlichen Ungleichheit der Kampf um den Einfluß auf die Schule oder die Jugendpflege oder die Fürsorgeerziehung zu einem Teil der innerpolitischen Auseinandersetzungen der Gruppen, Schichten und Klassen überhaupt. In diesem Prozeß gehen schließlich die Erziehungseinflüsse des Staates und der großen gesellschaftlichen Verbände immer mehr zurück. Ihre Konkurrenz ermöglicht die *Individualisierung* von Erziehungs- und Bildungsprozessen, d.h. die *Entscheidung* über Verhaltensnormen, Erziehungs- und Bildungsziele wird immer mehr den Kindern und Jugendlichen selbst — repräsentiert durch ihre Eltern — übertragen. Daraus erwächst aber immer mehr auch die *Last,* die dafür nötige Verantwortung und Selbstbestimmung auch *lernen* zu müssen.

2. An die Stelle der ständischen Gliederung tritt die berufliche Mobilität: Was jemand „wird", ist nun immer weniger vorherbestimmt durch den Stand seiner Geburt, als vielmehr ein Ergebnis seiner persönlichen Leistung; die Söhne erben nun nicht mehr einfach den Beruf des Vaters — von den Mädchen ganz zu schweigen, deren Berufstätigkeit im alten System gar nicht vorgesehen war —, vielmehr mußten die Zugänge zu den Berufen prinzipiell durch Ausbildungsgänge neu geregelt werden. Auch in dieser Frage gab es einen zähen Kampf um die Aufrechterhaltung der überlieferten Privilegien beziehungsweise um deren Beseitigung. Die berufliche Mobilität ermöglicht soziale Auf- und Abstiege, führt aber auch für viele Menschen zu Entfremdungsprozessen: unter Umständen mehrmals im Leben muß der Wohnort gewechselt werden, heimatliche Vertrautheiten und soziale Geborgenheit müssen verlassen und anderswo wieder gefunden und aufgebaut werden.

3. Der Prozeß der Demokratisierung zerstört die alten, „selbstverständlichen" Autoritäten. Was mit der *politischen* Demokratisierung begann — die Einführung des parlamentarischen Systems, des allgemeinen Wahlrechts, der Rechtsstaatlichkeit — dehnte sich als „Fundamentaldemokratisierung" auf alle wichtigen Lebensbereiche aus: auf Arbeitsstätte, Schule, Familie. Die Bildungspolitik und die Pädagogik mußten darauf reagieren: Die Menschen mußten nun vieles lernen, was sie vorher nicht können mußten, zum Beispiel „politische Bildung" oder die Fähigkeit, in Gruppen zu kooperieren, sich in andere Menschen einzufühlen usw.

4. Die technischen Erfindungen (von der Eisenbahn bis zum Computer) und ihre Anwendung verändern die Reichweite der Erfahrung. Früher waren die meisten Menschen an ihren Heimatort gebunden, ihre Lebenserfahrung und ihre Weltkenntnis entsprechend beschränkt. Heute haben die modernen Verkehrsmittel und die Massenmedien die Erfahrungsmöglichkeiten erheblich erweitert, aber auch deren Sinn unklar werden lassen. Was vorher durch unmittelbare Erfahrung im Umgang mit den Erwachsenen gelernt wurde, mußte nun eigens pädagogisch organisiert werden (z.B. in allgemeinen Schulen – „Schulpflicht"). Um lebenstüchtig zu werden, reichte es nicht mehr aus, sich nur auf das zu verlassen, was man im begrenzten Horizont des eigenen Umgangs erlebte und erfuhr.

5. Die Folge all dieser und noch anderer – damit zusammenhängender – Veränderungen ist die schon angedeutete große *Entfremdung zwischen Erwachsenen und Heranwachsenden.* Das Heranwachsen wurde erst jetzt wirklich zu einem allgemeinen Problem; die Gefahr, daß es mißlang, wurde verhältnismäßig groß. Erst jetzt entstanden „Kindheit" und „Jugend" als eigenständige, von den Erwachsenen abgehobene Altersstufen. Die Ausgliederung des Kindes- und Jugendalters ist aber nur Teil eines viel umfassenderen Prozesses. Die bürgerliche Gesellschaft ist organisiert um die Erwerbsarbeit herum. Was deren Effektivität stören könnte, wird ausgegliedert. Das gilt nicht nur für Kinder, sondern auch für Alte und Kranke.

6. *Die Entstehung der pädagogischen Professionalität.* Die Ausgliederung des Kindes in separate soziale Räume (Familie, Schule) hat aber noch einen weiteren Grund: Die technisch-industriellen Veränderungen und die damit verbundenen sozialen Veränderungen haben die *Lernanforderungen* für *alle* Menschen erheblich erhöht. So wird der Raum des Kindes durch Berufspädagogen besetzt: Lehrer, Sozialpädagogen, Freizeitpädagogen. Das Leben des Kindes wird pädagogisch durchorganisiert, es entstehen die verschiedenen pädagogischen Ausbildungssysteme, das Leben des Kindes wird wissenschaftlich erforscht, es wird zur Legitimation für ganze Berufszweige, die nun als Berufsorganisation die öffentliche Meinung über „richtiges Heranwachsen" mitprägen.

Zusammenfassend seien noch einmal folgende Tatsachen hervorgehoben:

1. Unsere pädagogischen Probleme und Lösungsmöglichkeiten ergeben sich im Rahmen dieser epochalen Prozesse der bürgerlichen Gesellschaft.

2. Die Lernanforderungen an *alle* Kinder sind seit Beginn der bürgerlichen Gesellschaft immer größer geworden, und zwar in jeder Hinsicht: geistig-intellektuell, sozial und emotional.

3. Der in diesem historischen Prozeß erkennbare Trend zur Individualisierung des Verhaltens und der Lebensperspektive hat den Kindern immer früher und immer mehr Verantwortung für ihr Leben aufgebürdet. (L.V.7)

Lernen

Wir haben gesehen, daß der Mensch von Natur aus auf Lernen angewiesen ist, daß Lernen erst den Menschen zum Menschen macht. Und wir haben weiter gesagt, daß Lernen der Oberbegriff aller pädagogischen Bemühungen sei. Wir Pädagogen betrachten den Menschen als ein Wesen, das erst durch Lernen wirklich zum Menschen wird.

Nun ruft der Begriff „Lernen" im deutschen Sprachgebrauch leicht Mißverständnisse hervor. Man denkt dabei zuerst an das Pauken von Wissensstoffen in der Schule; oder an „programmiertes Lernen", was wiederum in erster Linie mit dem Erwerb von Wissen zu tun hat. Aus den bisherigen Überlegungen dürfte aber klar geworden sein, daß Lernen im Sinne des Erwerbs von Wissen nur ein Aspekt unter anderen ist. Wir lernen auch „Muster" unserer Erlebnisse, unserer Gefühle, unserer sprachlichen und nichtsprachlichen Kommunikation mit anderen Menschen —, ja auch die Art und Weise, wie wir uns selbst verstehen, unsere „Selbstdefinition" (Hartmut und Hentig) ist gelernt. Sogar sehr alltägliche Gewohnheiten, wie daß wir drei- oder viermal am Tag zu bestimmten Zeiten essen, sind kulturell bedingt, also durch Lernen erworben. Unter Lernen als der Generalüberschrift der Pädagogik verstehen wir also alles das, was nicht durch biophysische Determinationen erklärbar ist. All dies ist der pädagogischen Beeinflussung prinzipiell offen. Um Mißverständnissen vorzubeugen, sei darauf hingewiesen, daß der in der modernen empirischen Lernforschung verwandte Begriff von Lernen meist enger gefaßt wird. *Wir wollen aber unter Lernen im allgemeinsten Sinne verstehen die produktive und auf Förderung angewiesene Fähigkeit des Menschen, Vorstellungen, Gewohnheiten, Einstellungen, Verhaltensweisen und Fähigkeiten aufzubauen bzw. zu verändern.*

Was aber ist nun eigentlich „Lernen"? Vordergründig betrachtet habe ich dann etwas gelernt, wenn ich etwas weiß oder kann, was ich vor diesem Lernprozeß *nicht* gewußt oder gekonnt habe. Hier kommt uns die Lernpsychologie zu Hilfe.

Lernen als Verhaltensänderung

Die meisten Lernpsychologen schlagen vor, Lernen als Verhaltensänderung zu definieren. Demnach hat jemand dann etwas bestimmtes gelernt, wenn er nach einem Lernprozeß über eine Verhaltensvariante verfügt, die ihm vorher nicht geläufig war.

„Lernen ist der Prozeß, durch den Verhalten aufgrund von Interaktionen mit der Umwelt oder Reaktionen auf eine Situation relativ dauerhaft entsteht oder verändert wird, wobei auszuschließen ist, daß diese Änderungen durch angeborene Reaktionsweisen, Reifungsvorgänge oder vorübergehende Zustände des Organismus (Ermüdung, Rausch oder ähnliches) bedingt sind" (Helmut Skowronek, Lernen und Lernfähigkeit, 1969, S. 11).

Unter „Verhalten" wird dabei jede beobachtbare Aktion oder Reaktion eines Menschen verstanden (z.B. verbales oder nicht-verbales soziales Verhalten, Reproduktion von Wissen in einer Testsituation usw.). Diese Definition hat den Vorteil, daß sie sich operationalisieren läßt, das heißt man kann zum Beispiel ein bestimmtes Lernziel als Verhaltensziel festlegen (etwa: es sollen hundert lateinische Vokabeln gelernt werden) und nach einer bestimmten Zeit durch Überprüfung des Verhaltens (z.B. in einer Klassenarbeit) feststellen, ob das angestrebte Ziel auch wirklich erreicht wurde.

Gleichwohl ist diese Definition nicht unproblematisch:

1. Faßt man den Begriff des Verhaltens so weit, daß man alle denkbaren kognitiven, emotionalen und sozialen Reaktionen miteinbezieht, so ist er im Einzelfall schwer zu präzisieren und zu operationalisieren.

2. Es gibt Lernleistungen, die sich nicht ohne weiteres als Verhalten konkretisieren und vor allem nicht in verhältnismäßig kurzer Zeit überprüfen lassen. Manches wichtige wird eben nicht auf den baldigen Gebrauch für ein beobachtbares Verhalten hin gelernt, sondern auf unbestimmte Zeit und für eine nicht vorhersehbare Situation aufbewahrt. Wie will man zum Beispiel die Liebesfähigkeit eines Menschen von Kindheit an so in einzelne Verhaltensschritte aufteilen, daß beim Erwachsenen die Fähigkeit zur Partnerbeziehung endlich erlernt ist? Andererseits: Wenn die Aufgabe darin besteht, Schwimmen zu lernen, ist der Blick auf die Verhaltensänderung ausreichend. Aus der beobachtbaren Tatsache, daß ich „absaufe", kann der Schwimmlehrer schließen, welche Einzelheiten des gewünschten Verhaltens ich noch lernen muß.

3. Der am konkretisierbaren Verhalten orientierte Lernbegriff verbindet die Lern*inhalte* untrennbar mit der Lern*situation* (bzw. Kontroll*situation)*. Das zeigt unser eben erwähntes Lateinbeispiel. Entweder muß die Kontrollsituation (Klassenarbeit) in die Lernzielbestimmung mit eingehen (etwa: der Schüler soll die hundert Vokabeln *so* lernen, daß er sie in einer Klassenarbeit präsentieren kann), oder es müssen Zweifel daran aufkommen, ob die Kontrollsituation das Lernen überhaupt beweisen kann (z.B. wäre denkbar, daß ein Schüler aus naheliegenden psychischen Gründen in der Klassenarbeit versagt, in einer anderen Situation, zum Beispiel bei den Schularbeiten aber keineswegs). Sieht man dieses Problem nicht, so besteht zum Beispiel die Gefahr, daß das Lernen auf schulische Spezialsituationen und nicht auf das Leben hin ausgerichtet wird, denn

Lernsituationen und Bewährungssituationen sind selten identisch.

4. Der Versuch, Lernziele als Verhaltensänderungen zu konkretisieren und zu operationalisieren, setzt voraus, daß das zu lernende Gesamtverhalten eines Menschen nichts weiter ist als die *Addition* zahlreicher einzeln beobachtbarer Verhaltensweisen. Die Frage ist jedoch, ob zum Beispiel das, was wir das Bewußtsein eines Menschen nennen, auf diese Weise überhaupt in den Blick kommen kann. Wie kann man zum Beispiel Sequenzen einzelner Verhaltensziele planen mit dem Gesamtziel, daß sich das politische Bewußtsein irgendwann im Ernstfall *gegen* eine antidemokratische Bedrohung unserer Gesellschaft wendet? Vieles spricht für die Annahme, daß das menschliche Bewußtsein nicht nur die Summe einer noch so großen Anzahl einzelner, beobachtbarer Verhaltensweisen ist.

5. Die Definition, Lernen sei Verhaltensänderung, klärt zunächst einmal nicht, was Lernen „eigentlich" ist — insofern es sich dabei nämlich um einen sehr komplexen Vorgang innerhalb der jeweiligen Person handelt, sondern sie hebt ab auf ein bestimmtes, von außen registrierbares *Ergebnis* von Lernprozessen (nämlich „Verhaltensänderung"). So gesehen *erklärt* sie das menschliche Lernen nicht, sondern dient einem praktischen Zweck, nämlich einen überprüfbaren Zusammenhang zwischen möglichst eindeutig bestimmten Lern*zielen* und Lern*ergebnissen* herzustellen. Unproblematisch ist dieses Verfahren jedoch nur dort, wo kurzfristig erreichbare, in sich plausible kleine Teilziele gemeint sind. Wo es jedoch um komplexere Verhaltensweisen geht, die nicht ohne weiteres in einer *einzigen* Verhaltenssituation nachgewiesen werden können, kann diese Definition auch schnell in die Irre führen.

6. Die fragliche Definition geht davon aus, daß ihr die Lernziele vorgegeben sind, daß diese nur operationalisiert und mit Hilfe einer „Wenn-Dann-Relation" realisiert werden. Man kann dies ein „technologisches" Verständnis nennen. Die Lernziele selbst können in diesem Rahmen also nicht ermittelt und auch nur partiell (nämlich nur hinsichtlich ihrer technischen Realisierbarkeit) diskutiert werden. In der pädagogischen Praxis jedoch ist die Inhaltlichkeit von

Lernzielen immer aufs engste mit ihrer Realisierbarkeit verbunden: es kann vernünftigerweise nur solche Lernziele geben, die auch verwirklicht werden können.

7. Lernen als beobachtbare Verhaltensänderung zu bestimmen ist nur dort sinnvoll, wo es sich um *eindeutige,* das heißt nicht der Interpretation bedürftige Lernergebnisse handelt. Bei der Interpretation von lyrischen Texten oder von historischen Ereignissen aber gibt es zum Beispiel immer einen mehr oder weniger großen *Spielraum* vernünftiger Antworten. Unterstellen wir, daß es bei der Interpretation eines bestimmten Gedichtes drei plausible Varianten geben könnte, dann können diese drei Varianten zwar vorher als gewünschte Verhaltensänderung vorgegeben werden. Aber dann würden diese Varianten ja in einem vernünftigen Schulunterricht miteinander in die Diskussion geraten müssen, und welches Ergebnis soll dann die gewünschte Verhaltensänderung sein?

Diese kritischen Anmerkungen sollen darauf hinweisen, daß es zweckmäßig ist, den Lernbegriff, insofern er das Generalthema der Pädagogik überhaupt enthält, in seiner umgangssprachlichen, wenn auch mehrdeutigen und notwendig unscharfen Bedeutung festzuhalten und nur *bestimmte* Lernaufgaben nach dem Muster des eben erörterten Verhaltens-Modells anzugehen.

Exkurs: Empirische und pädagogische Denkmodelle

Diese Überlegungen lassen einen kleinen Exkurs als sinnvoll erscheinen. Die eben erörterte Definitions-Problematik des Lernens ist nämlich ein gutes Beispiel für die allgemeine theoretische und praktische Problematik empirischer Untersuchungen und Denkmodelle in pädagogischen Zusammenhängen überhaupt. Der Entschluß der Lernpsychologen nämlich, Lernen als Verhaltensänderung zu definieren, erfolgte nicht in erster Linie im pädagogischen Umgang mit Kindern, sondern eher im Rahmen von Tierversuchen beziehungsweise überhaupt im Forschungskontext der eigenen wissenschaftlichen Disziplin.

Das Forschungsinteresse an möglichst eindeutiger Isolierung der einzelnen Variablen des Gegenstandes, an möglichst eindeutigen Hypothesen und an möglichst eindeutiger Überprüfbarkeit der Hypothesen führt zwangsläufig dazu, zu diesem Zwecke den Gegenstand auch (fast wie in einem naturwissenschaftlichen Laboratorium) in eigentümlicher Weise erst herzustellen. Lernen als Verhaltensänderung zu definieren diente also in erster Linie dem Zweck, *das* am Lernen herauszuheben, was eindeutig meßbar ist. Ob aber eine solche Forschungs-Definition ohne Modifikationen einfach auch als Definition für die pädagogische Praxis übernommen werden kann, die ja ihre Variablen nicht so klar isolieren kann, ist mehr als fraglich. Empirische Forschungsergebnisse und die ihnen zugrundeliegenden Denk- und Interpretationsmodelle müssen offenbar erst in die pädagogische Handlungsperspektive „übersetzt" werden, wenn sie dort wirklich von Nutzen sein sollen. Wenn zum Beispiel ein Schüler den Unterricht „stört", dann kann man aus diesem beobachtbaren Verhalten zunächst gar nichts schließen. Es kann sein, daß er sich langweilt, weil er längst begriffen hat, worum es geht, daß er aber solange warten muß, bis die anderen es auch verstanden haben. Es kann umgekehrt sein, daß er nicht mitgekommen ist und deshalb frustriert reagiert. Die Handlungssituation des empirisch forschenden Forschers entspricht also nicht der Handlungssituation des handelnden Pädagogen.

Lernprobleme

Für die pädagogische Praxis, also dort, wo Lernen organisiert werden soll, stellen sich vor allem folgende grundlegende Probleme:

1. Unter welchen sozialen Bedingungen wird optimal gelernt? Jeder weiß aus seiner Schulzeit, daß es da eine ganze Reihe von Barrieren geben kann: Man kommt mit dem Lehrer nicht zurecht; man hat Schwierigkeiten mit den Klassenkameraden; man ist an bestimmten Punkten besonders empfindlich und wird durch entsprechende Äußerungen der Lehrer oder Mitschüler leicht frustriert oder verängstigt;

man hat Probleme in der Familie, die sich in der Schule auswirken. Solche subjektiven Faktoren sind schwer zu verallgemeinern, haben aber im Alltag der Schule eine große Bedeutung.

2. Wie kann man Lernleistungen „gerecht" beurteilen beziehungsweise benoten? Wer etwas mit Erfolg gelernt hat, wünscht sich dafür auch die Anerkennung von anderen, nicht zuletzt auch vom Lehrer. Kinder können sehr enttäuscht sein, wenn sie für ihre Anstrengungen keine Anerkennung finden. Eine „gute Note" in der Schule kann eine solche Anerkennung zum Ausdruck bringen.

Allerdings haben die Schulnoten nicht nur diese Funktion, nämlich den Lernfortschritt der einzelnen Schüler zu charakterisieren und diese weiter zu ermutigen. Ihre wichtigste Funktion ist vielmehr, die Leistung der Schüler an einem von außen gesetzten Maßstab zu beurteilen, der in der Regel gar nicht „objektiv" vorgegeben ist, sondern weitgehend durch den Lehrer festgesetzt werden kann. Abgesehen von diesem Interpretationsspielraum besteht das Problem der Schulnoten also in ihrem *Maßstab*. Was könnte ein „sehr gut" heißen? Es könnte bedeuten, daß

a) der Schüler den von der Schule vorgegebenen Anspruch optimal erfüllt hat;

b) daß er im Vergleich mit den anderen Klassenkameraden herausragende Leistungen erbracht hat;

c) daß er im Rahmen seiner eigenen Leistungsmöglichkeiten „das Beste" gebracht hat.

Das sind drei völlig verschiedene Maßstäbe, zum Beispiel könnte „sehr gut" im Maßstab c) gleichbedeutend sein mit einem „mangelhaft" im Maßstab a).

Im allgemeinen spielen in der Schulpraxis alle drei Maßstäbe eine mehr oder weniger große Rolle; der Lehrer muß zwischen ihnen balancieren. Die Hoffnung jedoch, man könne sich aus pädagogischen Gründen einzig auf den Maßstab c) einlassen und nur noch den individuellen Lernfortschritt beurteilen, ist aus mehreren Gründen trügerisch. Erstens hat auch der individuelle Lernfortschritt nicht seinen Maßstab in sich selbst, er ist nur erkennbar, wenn man ihn im Vergleich zu von außen kommenden Maßstäben sieht – sei es eines bestimmten Stoffpensums, sei es im Vergleich zu den anderen Schülern. Zweitens muß man sehen, daß die von außen gesetzten Leistungsansprüche auch grundsätzlich ihren politischen Sinn haben. Wir leben in einer weitgehend durch Leistung bestimmten Gesellschaft, deren weitere Demokratisierung notwendig mit dem Gesichtspunkt der persönlichen Leistung verbunden bleiben wird (eine andere Alternative zum Abbau von Privilegien ist nicht in Sicht). Selbst wenn das individuelle Glück der leitende Gesichtspunkt wäre, so würde die Fähigkeit zu bestimmten Leistungen zweifellos eine bedeutende Rolle dafür spielen. Anerkannte Leistungen zu erbringen macht die Menschen ja nicht unglücklich. Wer andererseits bestimmte Leistungen verweigert, muß auch folgerichtig in Kauf nehmen, daß er von bestimmten sozialen und gesellschaftlichen Chancen ausgeschlossen bleibt.

Die Widersprüchlichkeit und notwendige Unzulänglichkeit der Schulnoten ist solange nicht allzu problematisch, wie diese Noten *im einzelnen* keine unwiderruflichen sozialen Folgen haben, solange also etwa auch derjenige, der einen bestimmten Schulabschluß (z.B. Abitur) nur mit Ach und Krach besteht, von weiteren beruflichen Chancen nicht ausgeschlossen bleibt. Seitdem wegen des Numerus Clausus aber die Zulassung zum Studium teilweise auch von einem bestimmten Notendurchschnitt abhängt, wird nicht nur der pädagogische Sinn der Noten gefährdet, die ja über die Leistungsfähigkeit in einem bestimmten Fach Auskunft geben sollen; vielmehr zeigt sich auch eine problematische Rückwirkung auf die sozialen Bedingungen des Lernens in der Schule: Leistungswettbewerbe zwischen den Schülern – in bestimmten Grenzen durchaus produktiv für alle Beteiligten – können verabsolutiert werden, der Mitschüler kann zum Konkurrenten um die besseren Noten und damit um die besseren Studienchancen werden; Solidarität und Hilfsbereitschaft können ebenso auf der Strecke bleiben wie gründliches Nachdenken und das Interesse an selbstgewählten Problem- und Fragestellungen, wenn sie für die Zensuren von geringerer Bedeutung sind.

3. Welche Lernmotive kann man ansprechen? Lernen ist eine Leistung der einzelnen Individuen. Der Lernende muß also ein *Motiv* haben, mit dem er für das Lernziel gewonnen werden kann. Es gibt verschiedene Lernmotive, zum Beispiel das, durch Lernerfolge soziale Anerkennung zu erlangen, oder die Liebe der Eltern zu gewinnen oder zu erhalten, oder die Neugier, einer Sache auf den Grund zu kommen, oder der Wille zum sozialen Aufstieg; in der Regel gibt es eine Kombination unterschiedlicher Motive. Die Kenntnis solcher Motive ist besonders wichtig; es kann nämlich sein, daß ein Lernangebot an den Motiven der Schüler vorbeizieht.

Ebenso wie die Begabung sind Lernmotive ein für allemal festgelegt oder gar „von Natur aus" da. Vielmehr entstehen Motivationen in ihrer Grundstruktur schon sehr früh im Rahmen der frühen Sozialisation. Sie beruhen selbst auf Lernen und Erfahrung. Insofern sind sie auch schichtspezifisch. Manche Lernpsychologen schlagen vor, zwischen „intrinsischen" (= von innen kommenden, an der Sache interessierten) und „extrinsischen" (= von außen kommenden, an äußerer Anerkennung interessierten) Motivationen zu unterscheiden, und zwar mit dem Zweck, die intrinsischen durch Förderung besonders zur Geltung kommen zu lassen. Aber eine solche Unterscheidung ist in mindestens zweierlei Hinsicht problematisch: Erstens nämlich ist die Frage, ob es intrinsische Motivationen in reiner Form wirklich gibt oder ob nicht vielmehr jede Lernmotivation auf außerindividuelle, soziale beziehungsweise gesellschaftliche Anerkennung angewiesen ist und von daher auch ihre wesentlichen Impulse erhält. Der Unterschied kann höchstens darin bestehen, daß im einen Falle die soziale Anerkennung nicht *sofort* erfolgen muß, sondern auf längere Zeit verschoben werden kann, während im anderen Falle die Motivation leicht erlahmt, wenn die Anerkennung nicht schnell eintritt. Zweitens ist der Begriff der intrinsischen Motivation erkennbar zugeschnitten auf das mittelständische Selbstverständnis — um nicht zu sagen: Ideal — des sein Leben von innen her steuernden und planenden Individuums. Hält man daher die intrinsischen Motivationen grundsätzlich für wertvoller als extrinsische, so würde man zum Beispiel Unterschichtkinder von vornherein benachteiligen, weil das mit einer solchen Vorstellung verbundene Persönlichkeitsbild diesen weitgehend unbekannt ist.

Eine in diesem Zusammenhang viel diskutierte Frage ist, ob man Menschen *planmäßig* zu bestimmten Lernleistungen motivieren kann. Die vorliegenden wissenschaftlichen Erkenntnisse wie auch die praktischen Erfahrungen lassen eher zur Skepsis raten. Wir können davon ausgehen, daß Menschen immer Motivationen haben, die angesprochen werden können, und in Einzelfällen können zum Beispiel durch engagierte und überzeugende Lehrer neue Motivationen hervorgerufen werden, aber nach aller Erfahrung läßt sich dies nicht „auf Serie legen", also zum Beispiel für eine bestimmte Gruppe an einem bestimmten Zeitpunkt vorausplanen. Realistischer ist deshalb zu versuchen,

a) vorhandene Motivationen nicht zu blockieren,

b) sie nicht zu zensieren (welche Motivation ist erwünscht, welche nicht?).

Zwei Arten des Lernens

Vordergründig gesehen läßt sich über Lernen leicht sprechen, wie komplex Lernvorgänge jedoch sind, mag das folgende Beispiel verdeutlichen. Wir alle wissen aus Erfahrung, daß manches von dem, was wir lernen, in das Innere der Person eingeht, uns prägt, und daß anderes bloß äußerlich bleibt. Manches, was wir gelernt haben, hat die Qualität einer Erfahrung besessen, ist unwiderruflich in uns eingedrungen: das erste Erfolgserlebnis in der Schule etwa; oder die erste ungerechte Bestrafung; oder die Lektüre eines bestimmten Buches; oder die erste Liebe, die vielleicht zu einer Enttäuschung wurde usw.

Daneben gibt es eine Menge — vermutlich das allermeiste — was wir „der Not gehorchend" lernen, was überhaupt nicht in uns eindringt, uns nicht engagiert, was wir vergessen, so bald der Zwang fortfällt. Das Für-die-Prüfung-Lernen ist von dieser Art.

Offensichtlich verfügen wir zu jedem Zeitpunkt unseres Lebens über bestimmte „Lernmuster", das heißt über angelernte, vorgeprägte Vorstellungen, mit denen wir neue Informationen und Erlebnisse uns verständlich machen und erklären. Wir haben immer schon Vor-Urteile. In sehr vielen Fällen reicht es auch aus, neue Informationen in der einmal gelernten Weise zu interpretieren. Dann sind die Informationen neu, aber die Urteile bleiben die gleichen wie vorher auch. Sehr oft aber wäre es nötig, das ganze Muster der Interpretation zu ändern, weil es nicht mehr realitätsgerecht ist. Ein extremes Beispiel dafür ist die Wahnvorstellung: Was immer der Betreffende sieht, beobachtet und zur Kenntnis nimmt, alles ordnet sich bei ihm in das vorher festgesetzte Interpretationsmodell ein, das an der Wirklichkeit vorbeizielt. Rassen-Vorurteile sind von dieser Art. In der Politik finden wir nicht minder bemerkenswerte Beispiele. Wir wollen ein Lernen, durch welches das mitgebrachte „Muster" verändert wird, eine „Erfahrung" nennen. An dem eben genannten Beispiel wird deutlich, wie schwer es ist, neue Erfahrungen zu machen. Wir neigen viel eher dazu, unsere alten Interpretationsmuster durch neue Informationen zu bestätigen. Die Veränderung des „Musters", der „Erfahrung" hat folgende drei Aspekte:

a) Bei einer Erfahrung geht es immer um eine wenigstens partiell neue *Selbstdefinition*. Es ändert sich ganz oder zum Teil die Vorstellung, die man vorher von sich selbst hatte. Man entdeckt zum Beispiel an sich selbst ein Vorurteil und versucht, es sich zu erklären.

b) Es verändern sich auch *Fremddefinitionen,* das heißt Vorstellungen über andere Menschen, ihr Verhalten, ihre Motive usw.

c) Schließlich ändert sich auch die *Vorstellung von bestimmten Sachverhalten.*

Der Unterschied zwischen einem bloßen Fakten-Lernen, das an den bisherigen Interpretationen nichts ändert, und dem Lernen einer neuen Interpretation („Erfahrung") bezeichnet zugleich auch unterschiedliche Lernschwierigkeiten. Die Sozialpsychologie lehrt uns — was auch mit der Lebenserfahrung übereinstimmt —, daß wir im allgemeinen wenig geneigt sind, einmal erworbene Interpretationsmuster — zumal in wichtigen Fragen — schnell zu ändern. Wir vermeiden nach Möglichkeit „kognitive Dissonanz", das heißt Informationen und Deutungen, die unseren bisherigen Vorstellungen widersprechen. Lieber versuchen wir, Widersprüche „konsonant" zu machen, also so zu verstehen, daß sie in unser Muster hineinpassen. Einem politischen Gegner zum Beispiel hört man entweder nicht genau zu, oder man hört lieber das heraus, was einem positiv oder negativ „in den Kram paßt": man selektiert am liebsten die neuen Informationen.

Vermutlich hängt dieses Verhalten mit der *sozialen Funktion* solcher Muster zusammen. Ob wir mit anderen Menschen gemeinsame Interpretationen einer Sache oder Situation haben, sagt im allgemeinen auch etwas aus über das Maß unserer sozialen Verbundenheit mit ihnen; ändern wir unsere Deutungen, droht die Gefahr, daß wir uns unseren Mitmenschen entfremden. Das Arbeiterkind zum Beispiel, das studiert, gerät in eine soziale Distanz zu seiner Herkunftsfamilie; ein Lehrer, der mit neuen Vorstellungen über seine Schule aufwartet, irritiert leicht seine Kollegen.

Andererseits sind Menschen dann in besonderem Maße zu neuen Interpretationen bereit, wenn sie sozial desintegriert werden, zum Beispiel von sozialem Abstieg bedroht sind oder wenn sie etwa vor einer neuen Situation stehen, in der ihnen die alten Deutungen nicht mehr helfen (zum Beispiel Emigration; sozialer Aufstieg; radikaler Berufswechsel usw.). Diese letzten Beispiele zeigen aber auch, daß unsere Lernreichweite, unsere Fähigkeit, Erfahrungen zu machen, begrenzt sein muß, wenn das Neue mit unserem bisherigen Verständnis integriert bleiben, also unsere Identität nicht zerstören, sondern auf einer neuen Ebene stärken soll. Wir benötigen offenbar, um unsere Identität durchhalten zu können, eine Lebensgeschichte, die — trotz ihrer Fehler und Schwierigkeiten — sinnvoll bleibt, so daß nicht ganze Teile einfach gestrichen oder verdrängt werden müssen. Insofern sind allzu radikalen pädagogischen Bemühungen, unsere Einstellungen und Verhaltensweisen umzukrempeln, notwendigerweise Grenzen gesetzt.

Überhaupt ist zu bedenken, daß kein Mensch imstande ist, den ganzen Tag über irgendetwas zu lernen; er muß auch über weite Strecken so bleiben können wie er ist; denn Lernen bedeutet ja gerade, sich ändern zu müssen — auch wenn es nicht immer gleich um das geht, was wir eben „Erfahrung" genannt haben. Daraus folgt, daß der pädagogische Blick auf den Menschen immer nur ein begrenzter sein kann: der Mensch ist *auch* ein pädagogisches, d.h. lernendes Wesen, aber nicht *nur!*

Über die Frage, *wie,* also *mit welcher Methode* man Lernen am besten organisieren könne, hat es vor allem in der Schulpädagogik immer schon eine breite Diskussion gegeben, die immer wieder auch von einander ablösenden Moden beherrscht war, die gelegentlich sogar mit dogmatischem Anspruch auftraten. Unsere wissenschaftliche Erkenntnis zu diesem Problem läßt sich in den volkstümlichen Satz kleiden: „Nichts Genaues weiß man nicht". Ein methodisches Arrangement, das in einem Falle befriedigend verläuft, bleibt in einem anderen Falle erfolglos, obwohl die Bedingungen die gleichen zu sein scheinen. Ähnlich sieht dies der Psychologe F. Weinert, indem er darauf hinweist, daß viele früher für selbstverständlich gehaltene Lehrmeinungen in dieser Sache durch neuere Forschungen in Frage gestellt wurden:

„So galt für viele und für lange Zeit als erwiesen, daß Lernen nur durch Tun erfolgen könne, daß der Lernstoff genau der geistigen Struktur des Lernenden entsprechen müsse, daß innere Motiviertheit stets günstiger sei als äußerer Anreiz, daß Einsicht der mechanischen Übung durchwegs überlegen wäre, daß das Verhalten verstärkt werden muß, wenn es gelernt werden soll usw. Jede dieser Annahmen stützt sich auf umfangreiche empirische Grundlagen. Trotzdem zeigen neuere Befunde, daß auch diese Lehrsätze keine absolute, sondern nur eingeschränkte Gültigkeit beanspruchen können. Alle genannten Auffassungen haben sich nämlich in empirischen Untersuchungen unter bestimmten Bedingungen als partiell falsch oder unbrauchbar erwiesen" (F. Weinert: Pädagogische Psychologie, 1970, S. 36).

Lernen und Lehren

In der mittelalterlichen Welt lernten die Kinder und Jugendlichen noch ganz überwiegend dadurch, daß sie nach ihren Kräften am Leben der Erwachsenen teilnahmen.

Heute ist das nur noch in sehr begrenztem Maße möglich, etwa im Rahmen des Familien- und Freizeitlebens. Im übrigen findet das Heranwachsen in eigens dafür eingerichteten und deshalb „künstlichen" Institutionen statt (z.B. Schulen). Trotzdem wird vieles gelernt, was nicht ausdrücklich gelehrt wird, nämlich durch eine – wenn auch reduzierte – Teilnahme am Leben: man „gewöhnt" sich, oft ohne daß man es weiß oder gar ins Bewußtsein nimmt, von Kindheit an an Meinungen, Einstellungen, Normen, an Wert- und Vorurteile, an Sauberkeit, Ordnung, Gehorsam und an Regeln des Zusammenlebens. Auch vieles, was man in der Schule lernt, ist von der Art der „Gewöhnung", zum Beispiel ordentliches, regelmäßiges und sorgfältiges Arbeiten, Gehorsam gegenüber der Schulordnung usw. Man hat diese Anteile schulischen Lernens, die nicht eigentlich etwas mit den Lernstoffen zu tun haben, den „heimlichen Lehrplan" der Schule im Unterschied zum offiziellen Lehrplan für die Schulfächer genannt.

Würde Lernen nur auf diese Weise der Gewöhnung bzw. der Einübung geschehen, dann würde es sich dabei wesentlich um eine Anpassung an vorgegebene Normen und Regeln handeln. Ganz unabhängig nun von einer möglichen politischen Kritik an einer solchen Gewöhnung, die unter anderem auf den Mangel an Kritikfähigkeit verweisen könnte, wäre ein so reduziertes Lernen unbrauchbar. Brauchbar wäre es nämlich nur unter der Voraussetzung, daß die gesellschaftliche Wirklichkeit sich nicht nennenswert ändern würde; nur dann hätte es Sinn, die heranwachsende Generation an deren Regeln und Normen einfach anzupassen.

Unter den Bedingungen der modernen, sich schnell wandelnden Industriegesellschaft muß jedoch jenes Lernen, das durch gewöhnende Teilnahme erfolgt, ergänzt – und damit zum Teil wieder aufgehoben – werden durch *systematische Lehre,* durch *Unterricht.* Unterricht ist eine der großen kulturellen Erfindungen der Menschheit. Er ermöglicht nämlich, die Unmittelbarkeit unserer Existenz zu transzendieren, zu ihr in kritische Distanz zu treten und Kenntnisse und Vorstellungen aufzubauen für noch unbekannte künftige Verwendungssituationen. Insofern ist der systematische Unterricht dem Gewöhnungslernen überlegen, das ja an die unmittelbare Lebenspraxis gebunden bleibt. Nur was systematisch verstanden wurde, kann auch auf neue Situationen und Probleme angewendet werden.

Weil die unmittelbare Gewöhnung durch das Leben selbst nicht mehr ausreichte, wurde in der Zeit der Aufklärung beziehungsweise des Merkantilismus die allgemeine Schulpflicht eingeführt. Nach den verheerenden Wirkungen des Dreißigjährigen Krieges war der Wiederaufbau nicht möglich, indem die Gewerbe, vor allem die Handwerke in ihrer ständischen Abgeschiedenheit so weiter machten wie vor dem Krieg. Das Wirtschaften mußte ökonomischer und zentraler organisiert werden als früher, und das konnte man nicht mehr allein durch Mittun lernen. Wichtiger war noch, daß die Bürger die neuen Aufgaben des absolutistischen, zentralistischen Staates verstehen mußten, um ihm mit der rechten Gesinnung und mit dem rechten Verständnis dienen zu können. Zu alldem war systematische Belehrung, also Unterricht nötig.

Mit dieser Notwendigkeit waren aber auch von Anfang an Probleme verbunden, die im Prinzip bis heute geblieben sind:

1. Wie kann man Kinder überhaupt systematisch belehren, und wie muß man das über Jahre hinweg aufbauen? Damit war das Problem der Didaktik und Methodik entstanden, auf das wir später noch zurückkommen.

2. Wer soll mit welchen Kriterien und mit welcher Legitimation bestimmen, *was* gelehrt wird und *was nicht?* Das Problem des Lehrplans beziehungsweise des Curriculum war entstanden.

3. Wenn die systematische Lehre nötig wurde, weil die unmittelbare Gewöhnung nicht mehr ausreichte, dann mußte sie wenigstens auch teilweise zum Feind jener Gewöhnung werden, diese kritisieren und verunsichern. Sie mußte — mit anderen Worten — auch die vorher dichte soziale Kontrolle auflockern. Wie kann dies aber geschehen, ohne die Kinder unbotmäßig zu machen? Dieser Widerspruch ist offensichtlich die Ursache dafür, daß seit der Aufklärung disziplinarische Maßnahmen in Familie und Schule eine so große Rolle spielen. Die durch die systematische Lehre

notwendigerweise gefährdete soziale Kontrolle sollte durch solche teilweise rücksichtslosen Disziplinierungen so weit wie möglich wieder hergestellt werden.

4. Trotzdem war der kritisch-aufklärerische Wert der Lehre auf die Dauer nicht zu stoppen. Waren die Gedanken erst einmal planmäßig in Bewegung gesetzt, so war immer weniger kontrollierbar, wohin sie sich wenden und worauf sie sich festsetzen würden. Und wer lesen lernte, konnte auch das lesen, was er nicht lesen sollte. Der planmäßige, systematische Unterricht enthielt also von vornherein einen politisch-ideologischen Sprengsatz, der die schulpolitischen Auseinandersetzungen der Vergangenheit wie auch der Gegenwart — z.B. über neue Richtlinien — erklärbar macht.

Nur das *systematische* Verstehen der Natur, der Kultur und der Gesellschaft ermöglicht Aufklärung und Emanzipation, und systematisches Verstehen ereignet sich nicht von selbst, erwächst nicht aus dem normalen Leben, nicht aus dem alltäglichen Umgang der Menschen miteinander, sondern muß planmäßig und — wenn man so will: künstlich, d.h. in Distanz zum normalen Leben — organisiert werden.

Lernverbote

Die moderne Lehre in den Schulen hat es also mit einem Dilemma zu tun: einerseits wurde sie nötig, weil die Gewöhnung an das unmittelbare Dasein nicht mehr ausreichte, andererseits drohte sie als Aufklärung die Menschen illoyal zu machen gegenüber den selbstverständlichen Autoritäten. Dieses Dilemma sollte durch Lernverbote möglichst vermindert werden.

Man könnte eine ganze Geschichte der Erziehung schreiben unter dem Gesichtspunkt, was nicht gelernt wurde, also als eine Geschichte von Lernverboten. Dafür einige Beispiele aus der neueren Geschichte: Im Zuge der „Restauration" nach 1848 wurde den Volksschullehrern in Preußen verboten, klassische Literatur zu lesen (Schiller, Herder, Goethe und andere), weil das als aufrührerisch galt; der Lehrplan der Volksschulen bis 1918 hatte ein gewaltiges Übergewicht an Religionsunterricht; abgesehen vom Lesen und Schreiben waren die anderen Fächer dagegen fast bedeutungslos; das Ziel war ausgesprochenermaßen, gute Untertanen und willige Arbeiter zu erziehen, und selbstverständlich war alles aus den Schulen verbannt, was irgendwie aufklärerisch wirken konnte. Lehrer, die mehr tun wollten, wurden unter Druck gesetzt und nicht selten aus dem Amt gejagt.

Das Problem läßt sich auch aus der subjektiven Seite des Lernenden betrachten. Wenn es zutrifft, daß der Mensch wesentlich durch das Mensch ist, was er gelernt hat, so folgt daraus, daß er immer auch etwas verpaßt, was er hätte lernen können. Jeder tatsächlich vollzogene Lernprozeß schließt andere Lernleistungen, die dem einzelnen Menschen auch möglich gewesen wären, aus. Wenn der Mensch ein in weitem Spielraum weltoffenes Wesen ist, dann ist folgerichtig seine tatsächliche Entwicklung beziehungsweise sein tatsächlich ablaufender Bildungsgang nur eine von mehreren Möglichkeiten. Diese Tatsache ist vor allem dann problematisch, wenn der Einzelne nur geringe Möglichkeiten hat, auf seinen Bildungsgang Einfluß zu nehmen, ihn mitzubestimmen. Das galt bis vor wenigen Jahren noch für viele Arbeiterkinder und für viele Mädchen, − vor allem aus ländlichen Gebieten. Teils wurden sie an einer ihren Fähigkeiten optimal entsprechenden Schul- und Berufsausbildung durch die Organisation des Bildungswesens gehindert − nach dem vierten Grundschuljahr mußte die Entscheidung über den weiteren Bildungsgang fallen − teils hielten die Familien den Besuch einer weiterführenden Schule für unnötig.

Natürlich ist die Idee, daß ein Mensch *alles* Lernen dürfe oder müsse, unrealistisch. In seiner Gesellschaft findet er vielmehr einen notwendigerweise begrenzten Spielraum vor, in dem er sich entscheiden muß. Von Lernverboten zu sprechen ist also nur sinnvoll, wenn damit nicht die prinzipielle Begrenzung gemeint ist, die in jeder Form der Vergesellschaftung notwendigerweise mitgesetzt ist, sondern wenn solche Begrenzungen angesprochen werden, die in der jeweils konkreten Biographie mögliche Entscheidungen behindern, oder anders: die nicht der persönlichen Entscheidung anheimgestellt werden.

So gesehen gibt es heute auf den ersten Blick keine Lernverbote mehr. Was die Schule nicht lehrt — und sie kann ja ohnehin schon aus zeitlichen Gründen nur einen Teil dessen lehren, was man für wichtig halten kann —, läßt sich schließlich aus den Massenmedien oder aus anderen jedermann zugänglichen Quellen erfahren. Aber gerade deshalb haben sich die Versuche, Lernverbote zu errichten, zum Teil von der Schule auf die Massenmedien verschoben. Mit großer Empfindlichkeit wird diskutiert, ob Funk und Fernsehen auch „objektiv" beziehungsweise „ausgewogen" genug berichten, ob ihre Kritik alle politischen Parteien gleichermaßen oder am besten niemanden trifft.

„Intentionales" und „funktionales" Lernen

Der Begriff des Lernens, den wir bisher verwendet haben, ist sehr allgemein und weit gefaßt. Er umfaßt die verschiedenartigsten Aspekte: den Erwerb aller möglichen intellektuellen, sozialen und manuellen Fähigkeiten, Fertigkeiten, Einstellungen und Verhaltensweisen, soweit sie in unserer kulturellen Umgebung sinnvoll, zweckmäßig oder notwendig sind, gleichgültig, wo und wie sie erworben worden sind. Der Begriff des Lernens im weitesten Sinne ist also nicht beschränkt auf das, was absichtsvoll in pädagogischen Einrichtungen als Unterricht (Schule, Erwachsenenbildung, Jugendarbeit usw.) gelehrt und gelernt wird, sondern schließt auch alles ein, was ungeplant durch das Leben selbst gelernt wird (etwa durch die Gleichaltigen auf der Straße, durch die Berufsarbeit usw.).

Wir unterscheiden hier zwischen „intentionalem" und „funktionalem" Lernen. Von „intentionalem" Lernen sprechen wir dann, wenn es mit Absicht, also planmäßig arrangiert wird, von „funktionalem" Lernen, wenn dies nicht der Fall ist. Mit dieser Unterscheidung kann man auch die einzelnen Lernfelder klassifizieren: Intentionale Lernfelder sind alle die, die eigens zum Zweck des Lernens organisiert sind (z.B. Schule, Jugendarbeit, Universität), funktionale Lernfelder dagegen sind solche, die zwar Lern*wirkungen* haben, nicht aber zum Zwecke dieser Wirkungen eigens organisiert und eingerichtet wurden. Es ist allerdings nicht möglich, die Lernfelder auf diese Weise eindeutig voneinander zu unterscheiden; denn jede Form von Lernen, das in Institutionen organisiert ist, hat eben dadurch auch mehr oder weniger große „funktionale" Anteile; man denke etwa an den schon erwähnten „heimlichen Lehrplan" der Schule. Andererseits gibt es zum Beispiel im Betrieb, der ja eigentlich zu den „funktionalen" Lernfeldern gehört, eine Reihe von Maßnahmen etwa zur Arbeitsplatzorganisation, die man als „intentionale" Lernarrangements ansehen könnte — wenn zum Beispiel die Arbeit in kleinen Gruppen organisiert wird, *damit* mehr Initiative und Entscheidungsfreiheit möglich wird.

Lernen und Emanzipation

Nur indem das Kind lernt, kann es sich auf die Dauer aus der totalen Abhängigkeit befreien, in der es sich bei seiner Geburt befindet. Ziel des Lernens im allgemeinen ist also das Selbständigwerden gegenüber den Fürsorgepersonen, die Fähigkeit, neue, autonome Beziehungen zu ihnen und anderen Menschen einzugehen. Diese emanzipatorischen Chancen des kindlichen Lernens müssen von den Erwachsenen aber auch akzeptiert und gefördert werden. Ein Kind, das zur Schule geht, emanzipiert sich zum Teil von seinen Eltern. Deshalb wäre es — abgesehen vielleicht von den ersten Schuljahren — falsch, wenn ein Schulkind ohne Hilfe seiner Eltern die Schularbeiten nicht bewältigen könnte. Was es in der Schule lernt, muß seine Selbständigkeit im Familienkreise stärken.

Die emanzipatorische Bedeutung des Lernens gilt aber auch in einem politischen Sinne. Um Unterdrückungen und Unterprivilegierungen politisch überwinden zu können, bedarf es nicht nur des politischen Kampfes, sondern auch zahlreicher Lernprozesse (z.B. hinsichtlich der eigenen Interessen, hinsichtlich der Interessen der politischen Gegner, hinsichtlich des Systems der Herrschaft usw.), die man daher als die subjektive Seite des Demokratisierungsprozesses bezeichnen könnte. Viele Entwicklungsländer liefern für diesen politisch-pädagogischen Zusammenhang täglich Beispiele. Gesellschaftliche Teilgruppen, die um ih-

65

re Emanzipation kämpfen — in unserer jüngsten Geschichte zum Beispiel Arbeiter und Frauen — haben deshalb immer auch bessere Bildungschancen für sich gefordert.

Von nicht zu unterschätzender Bedeutung für biographische wie politische Emanzipationsprozesse ist schließlich die *institutionelle Pluralität* von Lernangeboten und damit die Aufhebung von Informationsmonopolen. Das ist für uns heute im Zeitalter der Massenmedien selbstverständlich geworden. Aber die frühere Arbeiterbewegung zum Beispiel sah sich seit Beginn unseres Jahrhunderts genötigt, eigene Bildungsmaßnahmen einzurichten, um die einseitige Beeinflussung durch die damalige Volksschule korrigieren zu können. Die Vielfalt der Lernangebote, denen wir uns heute in einer pluralistischen Gesellschaft gegenübersehen, gibt uns die Chance, die Angebote einer einzelnen „Sendestation" (wie der Schule) zu relativieren, sie befreit uns gleichsam von Informationsmonopolen, denen wir sonst ausgeliefert wären. (L.V.8)

Erziehung

Mit dem Begriff „Erziehung" wenden wir uns nun vom lernenden Kind, das bisher im Mittelpunkt unseres Interesses stand, ab, und denjenigen zu, die als Eltern oder als Berufspädagogen Lernprozesse mit Kindern inszenieren. Hier aber werden die Begriffe unklar beziehungsweise umstritten. Wenn zum Beispiel früher jemand sagte, er habe „eine gute Erziehung genossen", so meinte er damit nicht nur, daß seine Eltern oder die anderen erwachsenen Bezugspersonen seine Entwicklung gut gefördert hätten, sondern daß auch die Umstände seiner Kindheit im ganzen dieser Entwicklung dienlich gewesen seien: die Familie, der Wohnort, die Schule, der Freundeskreis usw. Erziehung in diesem Verständnis meinte also nicht nur, wie die zuständigen Erwachsenen tatsächlich mit dem Kind umgingen, sondern auch das Insgesamt der Wirkungen, denen das Kind außerdem in seinem sozio-kulturellen Milieu ausgesetzt war.

Dieser *alle* Aspekte des kindlichen Aufwachsens umfassende Begriff von Erziehung unterscheidet sich also grundlegend von dem, was wir bisher Lernen genannt haben. Der Begriff Lernen beschreibt keineswegs die Ganzheit des kindlichen Aufwachsens, sondern nur einen Teil, der Rest des kindlichen Lebens bleibt dabei ausgeklammert.

Als Beispiel für die umfassende Vorstellung von Erziehung mag uns eine Definition des sozialistischen, psychoanalytisch orientierten Pädagogen S. Bernfeld aus dem Jahre 1925 dienen:

„So mannigfaltig menschliche Gesellschaften strukturiert sein mögen, das Kind hat von Geburt an eine Stelle in ihnen. Es muß eine bestimmte Menge Arbeit für es von der Gesellschaft geleistet werden, sie hat irgendwelche Einrichtungen, die nur wegen der Entwicklungstatsache bestehen, gewisse Einstellungen, Verhaltungen, Anschauungen über sie. Die Kindheit ist irgendwie im Aufbau der Gesellschaft berücksichtigt. Die Gesellschaft hat irgendwie auf die Entwicklungstatsache reagiert. Ich schlage vor, diese Reaktionen in ihrer Gänze Erziehung zu nennen. Die Erziehung ist danach die Summe der Reaktionen einer Gesellschaft auf die Entwicklungstatsache" (S. Bernfeld: Sisyphos oder Über die Grenzen der Erziehung, Frankfurt 1967, S. 51 (1. Auflage Leipzig 1925)).

Mit „Entwicklungstatsache" ist gemeint, daß der Mensch, gleichgültig, in welcher Kultur er aufwächst, nicht sofort ein fertiges Mitglied der Gesellschaft ist, sondern dies erst in einem langen Lernprozeß werden muß.

Die umfassende Definition von Bernfeld läßt allerdings offen, wer in der Gesellschaft was dazu beiträgt, daß die Erziehung auch gelingt; insbesondere für Pädagogen, zum Beispiel Lehrer, ist diese Definition unergiebig, weil sie sich nicht auf ihre Handlungsperspektive bezieht.

Interessant ist nun, daß diese umfassende Definition inzwischen nicht mehr mit unserem Alltagsbewußtsein übereinstimmt. Wenn wir heute das Stichwort „gute" oder

„schlechte" Erziehung hören, dann denken wir spontan eher an bestimmte *menschliche Beziehungen* und ihre Qualität, zum Beispiel Eltern-Kinder oder Lehrer-Schüler. Diesem Verständniswandel trägt eine Definition von W. Brezinka Rechnung:

> *„Unter Erziehung werden soziale Handlungen verstanden, durch die Menschen versuchen, das Gefüge der psychischen Dispositionen anderer Menschen mit psychischen und (oder) sozialkulturellen Mitteln dauerhaft zu verbessern oder seine als wertvoll beurteilten Komponenten zu erhalten". (W. Brezinka: Über Erziehungsbegriffe, in: ZfPäd. 1971, S. 567ff, hier S. 613)*

Der unleugbare Vorteil dieser Definition ist, daß sie einen bestimmten Wirklichkeitsbereich beschreibt, nämlich das Handeln von Menschen gegenüber anderen Menschen, wobei hier sogar gleichgültig bleibt, ob die Partner des erzieherischen Handelns Erwachsene oder Unmündige sind. Zwei Aspekte seien hervorgehoben:

a) Das erwünschte Ergebnis soll „dauerhaft" sein; dies aber setzt *Planmäßigkeit,* also eine Art von langfristiger Strategie des erzieherischen Handelns voraus.

b) Das erzieherische Handeln ist von Seiten des Erziehers normativ bestimmt, d.h. *er* setzt fest, was das wünschbare Verhalten ist, und versucht es bei seinem Gegenüber zu realisieren.

Wir wollen bei diesem enger definierten, handlungsorientierten Begriff von Erziehung bleiben, weil er sich weitgehend durchgesetzt hat. Dabei ist aber herausgefallen aus der Überlegung, was bei Bernfeld noch mitgedacht war: was die Gesellschaft sonst noch für das Aufwachsen von Kindern arrangiert. Damit dies nicht vergessen wird, müssen wir folgende Unterscheidung einführen.

1. Was wirkt im ganzen alles auf die Persönlichkeitsentwicklung des Kindes ein?

2. Was davon beruht auf der absichtsvollen Einwirkung bestimmter, zuständiger Erwachsener wie Eltern und Lehrer?

Aus der Sicht der lernenden Kinder wären wir wieder bei der eben beschriebenen Unterscheidung von funktionalem und intentionalem Lernen. Aus der Perspektive der modernen Sozialwissenschaften und der an ihren Ergebnissen interessierten Erzieher hat sich aber die Unterscheidung von Sozialisation und Erziehung eingebürgert.

Sozialisation und Erziehung

Sozialisation ist der übergeordnete Begriff. Er umfaßt *alle geplanten* pädagogischen *Maßnahmen* und *ungeplanten Wirkungen,* die dazu führen, daß Kinder und Jugendliche in die bestehende Gesellschaft und ihre Verantwortungsbereiche hineinwachsen. Die Sozialisationsforschung hat inzwischen eine Reihe von Teilbereichen dieses Prozesses untersucht, zum Beispiel, wie die Gesellschaft dafür sorgt, daß Kinder lernen, die grundsätzlichen „Rollen" der Erwachsenen zu übernehmen; oder wie die grundlegenden *Normen* beziehungsweise wie die grundlegenden kulturellen Muster erworben werden.

Der umfassende Begriff der Sozialisation enthält also das, was wir eben mit „intentionalem" und „funktionalem" Lernen unterschieden haben, allerdings verbunden mit einem Wechsel der Perspektive: der Begriff Sozialisation geht von den *Individuen* aus, und dieser Unterschied läßt noch einmal die spezifisch pädagogische Fragestellung deutlich werden, die wir als die des *Lernens* von Menschen beschrieben haben. Im Erleben des lernenden Individuums stellt sich Sozialisation dar als Prozeß und Resultat komplexer Tätigkeiten und als ein Erfahrungsprozeß als Reflektion dieser Tätigkeiten. Das Kind wächst dadurch in die Gesellschaft hinein, daß es an ihrem Leben teilnimmt: es lebt in der Familie und muß sich mit den dort geltenden Ansprüchen und Erwartungen auseinandersetzen; es muß sich gegenüber seinen Freunden und anderen Gleichaltrigen behaupten; es stößt auf Weltdeutungen in den Massenmedien, die möglicherweise von denen seiner Eltern abweichen; es erlebt Glück und Unglück, Freud und Leid, Erfolge und Mißerfolge usw. „Von unten gesehen" ist Sozialisation also ein sehr komplexer Prozeß menschlichen Lebens und Tätigseins.

Erziehung ist ein Teil der Sozialisation, nämlich derjenige, der *planmäßig* zu diesem Zwecke organisiert wird, und zwar — abgesehen von der Familie — in für diesen Zweck bereitgestellten besonderen Institutionen (Kindergarten, Schule, Jugendgefängnis, Jugendfreizeitheim usw.). Erwachsene wollen und müssen (z.B. aus beruflichen Gründen) ebenfalls weiter lernen, aber nach dem Eintritt der Volljährigkeit dürfen sie nicht mehr erzogen werden. Im Unterschied also zum Begriff Lernen, der alle Altersstufen umfaßt, bezieht sich der Begriff der Erziehung nur auf das Kindheits- und Jugendalter. Insoweit müßte die Definition von Brezinka modifiziert werden.

Zu den planmäßigen Arrangements des Erziehens gehört keineswegs nur die verbale Zuwendung zum Kind, zum Beispiel durch Gebote und Verbote, oder die emotionale Zuwendung durch Liebe, Zärtlichkeit usw., sondern auch das bewußte und geplante Arrangement der kindlichen Umwelt (z.B. bewußter Kauf eines bestimmten Spielzeugs, bewußtes Verhalten der Eltern zum Zwecke des kindlichen Lernens, Verbot des Umgangs mit bestimmten Menschen usw.). Erziehung meint also immer nur das, was bewußt und planvoll zum Zwecke der optimalen kindlichen Entwicklung geschieht. Alles andere wäre „funktionales Lernen", und ein großer Teil der Lerneinwirkungen in der Familie ist funktional, weil ja das Familienleben nicht restlos in Erziehung verwandelt werden kann und darf. (Das Familienleben dient nicht nur der Befriedigung der Lernbedürfnisse der Kinder, sondern auch vielerlei Bedürfnissen der Ehegatten).

Erziehung als Gewalt- und Fürsorge- verhältnis

Im Unterschied zum Begriff Lernen impliziert Erziehung immer auch ein Gewaltverhältnis von Menschen über Menschen, in der Regel bestimmter Erwachsener (Eltern, Lehrer) über bestimmte Kinder und Jugendliche. Dieses Gewaltverhältnis rechtfertigt sich zunächst einmal durch die Notwendigkeit der *Fürsorge.* Solange das Kind nicht selbständig handeln und sein Leben nicht selbst verantworten kann — und in dem Maße, *wie* es dies nicht kann — muß jemand an seiner Stelle handeln und es zur Not auch zwingen, dem zu folgen. Insofern gibt es einen notwendigen Zusammenhang zwischen Lernen, Fürsorge und Gewalt.

Die Frage ist jedoch, wie diese drei Aspekte des Erziehungsverhältnisses miteinander verbunden werden. Wir hatten schon darauf hingewiesen, daß die emanzipatorische Bedeutung nicht zuletzt darin liegt, die Fürsorge- und Gewaltaspekte zunehmend überflüssig zu machen. Im alten bürgerlichen Gesetzbuch (BGB) waren die Kinder bis zu ihrer Volljährigkeit der „elterlichen Gewalt" unterworfen; die Eltern konnten auch gegen den Willen des Kindes sehr weitgehend über dessen Lebensperspektive — z.B. über seine Berufswahl und seine Freizeit — entscheiden, und der Staat konnte eigentlich zum Schutze des Kindes nur eingreifen, wenn die Eltern ihre Erziehungspflicht so sehr vernachlässigten, daß „Verwahrlosung" drohte.

Die Reform der einschlägigen gesetzlichen Bestimmungen kehrt stärker die „Fürsorge-*Pflicht*" der Eltern hervor und gibt dem Heranwachsenden mehr Rechte, z.B. hinsichtlich der Schul- und Berufsentscheidungen. Ob dadurch allerdings das schlimmste Problem der Erziehungsgewalt, nämlich die elterliche *Kindesmißhandlung,* gelöst werden kann, ist fraglich; dieser fallen jährlich mehr als hundert Kinder in unserem Land nachweislich zum Opfer, wobei die Dunkelziffer der immer wieder mißhandelten Kinder außerordentlich hoch ist.

Diese Fälle von körperlicher Mißhandlung sind jedoch nur ein Teil der überflüssigen, d.h. nicht notwendig aus der Fürsorgepflicht erwachsenden Gewalt gegen Kinder und Jugendliche. Subtile psychologische Strafpraktiken sind nicht minder schlimm, sondern nur weniger auffällig. Wenn die Zahl der verhaltensgestörten Kinder in den Schulen zunimmt, so zeigt dies, daß sehr viel mehr Kindern Gewalt angetan wird, als unmittelbar erkennbar ist.

Diese Hinweise auf den Zusammenhang von Gewalt, Fürsorge und Lernen dürfen jedoch nicht mißverstanden werden. Das moderne pädagogische Denken hat sich darum bemüht, den Umgang von Erwachsenen mit Kindern so zu verbessern, daß die autonomen Persönlichkeitsrechte des

Kindes möglichst geachtet werden, daß bei allen Entscheidungen über das Leben der Kinder diese beteiligt werden. Die Anwendung von Zwang mag in relativ seltenen Ausnahmesituationen unausweislich sein, aber sie darf und muß keineswegs den Alltag des Umgangs mit Kindern bestimmen.

Erziehung und Mündigkeit

Dieses erzieherische Gewalt- und Fürsorgeverhältnis ist begründet und muß begrenzt sein in der Unmündigkeit des Kindes und Jugendlichen, d.h. in seiner altersbedingten Unfähigkeit, aus eigener Verantwortung zu handeln und zu leben. „Mündigkeit" ist demnach das Ziel aller Erziehungsmaßnahmen und markiert zugleich deren Ende: ein Erwachsener kann und muß zwar noch lernen, aber man kann ihn nicht mehr erziehen im Sinne des eben genannten Gewaltverhältnisses. Insofern ist der Wortgebrauch von der „erzieherischen Wirkung" einer Strafe bei einem Erwachsenen unangebracht. Er stammt noch aus einer Zeit, wo Erziehung nur eine Seite der unmittelbaren Beherrschung der Untertanen war. Wer im rechtlichen Sinne mündig ist, kann nicht mehr erzogen werden.

Der pädagogische Begriff der Mündigkeit ist jedoch unscharf; er meint zunächst nur, durch Erziehung einen jungen Menschen dahin zu bringen, daß er in seiner Erwachsenenwelt in eigener Verantwortung existieren, gleichsam uneingeschränkt auf eigenen Beinen im Leben stehen kann. Zunächst einmal ist Mündigkeit das pädagogische Äquivalent zum juristischen Begriff der Volljährigkeit. Der Volljährige (bei uns mit 18 Jahren) ist mündig, d.h., er hat gelernt, so nehmen wir an, unbegrenzt geschäftsfähig, unbedingt deliktfähig (= haftbar für angerichtete Schäden) und unbedingt strafmündig zu sein.

Allerdings tritt diese Mündigkeit nicht auf einen Schlag ein, sondern sie erfolgt in Stufen. Schon bei seiner Geburt ist das Kind rechtsfähig, d.h. ihm stehen die in der Verfassung garantierten Grundrechte zu und es kann schon Träger von Rechten, etwa Eigentumsrechten, sein. Mit 14 Jahren ist ein Jugendlicher bedingt strafmündig, außerdem religionsmündig. Mit 16 Jahren wird er schwurfähig im Zivil- und Strafprozeß; das Mädchen wird ehemündig.

Der rechtliche Prozeß der Mündigkeit impliziert also, daß der Erziehungsprozeß so verläuft, daß die bei den genannten rechtlichen Stufen vorausgesetzten Reifestadien (= Stadien der Mündigkeit) auch wirklich erreicht worden sind. Wenn dies zweifelhaft ist, kann bis zum 21. Lebensjahr gegebenenfalls noch das Jugendstrafrecht angewendet werden.

Dieser juristische Begriff der Mündigkeit, der das Ende der Erziehungsgewalt markiert, stellt nur minimale Anforderungen. Er fordert eigentlich nur, daß jemand in der Lage ist, selbständig ein legales Leben zu führen und seine privaten und öffentlichen Pflichten wahrzunehmen. Die Fähigkeit zur Wahrnehmung der *Rechte* (z.B. in der Politik oder im Beruf) wird zwar stillschweigend vorausgesetzt, gilt aber in diesem Verständnis weitgehend als Privatsache. Zur Mündigkeit in diesem juristischen Sinne gehört also nicht unbedingt auch die Fähigkeit, seine Rechte am Arbeitsplatz und anderswo in der Gesellschaft wahrnehmen zu können.

Hier setzt nun ein weitergehendes Verständnis von Mündigkeit ein, das im Prinzip von allen Pädagogen und auch vom Staat (z.B. in Richtlinien für den Schulunterricht) zum Ausdruck gebracht wird; das Verständnis eines Mündigen, der — entsprechend dem Persönlichkeitsideal des Grundgesetzes — sein Leben aktiv und aus Einsicht gestaltet und frei und autonom am politischen, kulturellen und gesellschaftlichen Leben teilnimmt, der nicht nur seine Pflichten, sondern auch seine Rechte (vor allem seine Grundrechte) wahrzunehmen in der Lage ist. Dieser Begriff von Mündigkeit hat einen politischen Hintergrund, er gibt nämlich das (idealisierte) Persönlichkeitsbild der „bürgerlichen Gesellschaft" wieder, das zu realisieren zunächst nur wenigen vergönnt war, und das durch den Demokratisierungsprozeß für alle Bürger zum Leitbild werden soll.

Erziehung als Generationsverhältnis

Das Erziehungsverhältnis ist in der Spanne der Generationen verankert. Man hat es geradezu als das natürliche Verhältnis der Erwachsenengeneration zur nachwachsenden Generation definiert. Die erwachsene, mündige Generation führt die nachwachsende in die jeweils herrschenden kulturellen Normen und gesellschaftlichen Rollen ein. Aber es ist nie sicher, ob das so gelingt, wie es sich die Erwachsenen vorstellen. Würde es nämlich vollständig gelingen, so gäbe es kaum einen Wandel, keine Entwicklung, keine Geschichte. Die nachfolgenden Generationen wurden zwar fast immer so erzogen, wie ihre Eltern auch erzogen worden sind, aber oft behielten sie sich einen Freiheitsspielraum vor, um das von den Eltern Überlieferte zu verändern. So sind es vor allem die nachfolgenden Generationen, die die gesellschaftlichen Verhältnisse verändern können — ein Grund dafür, daß revolutionäre, aber auch reaktionäre Bewegungen gern auf die junge Generation setzen. Hierin liegt die vielberufene Spannung der Generationen begründet, der Generationskonflikt, der zu allen Zeiten Väter über die Söhne und Söhne über die Väter klagen ließ. So schrieb im Jahre 1690 John Locke:

„Ich selbst bin in letzter Zeit von so vielen Eltern um Rat gefragt worden, die bekennen, daß sie nicht mehr wissen, wie sie ihre Kinder erziehen sollen; und die frühe Verderbnis der Jugend ist jetzt eine so allgemeine Klage geworden, daß es angebracht erscheint, diese Frage öffentlich zur Diskussion zu stellen und Vorschläge zur Besserung zu machen".

Der ständige Wechsel der Generationen hat für die Inhalte der Erziehung Folgen. Der jeweils erreichte Stand der Kultur — im weitesten Sinne des Wortes — muß immer wieder neu an die nachwachsenden Generationen übermittelt werden, wenn die Gesellschaft nicht auf eine niedrigere Kulturstufe zurückfallen soll. Da aber im Verlauf der uns bekannten Geschichte die jeweils erreichte Kulturstufe immer komplizierter geworden ist, wurde folgerichtig auch die Übertragung des jeweils von den Alten erreichten Wissens- und Erfahrungsbestandes immer komplizierter und immer mehr gefährdet. Die Lernanforderungen an die

Kinder werden im Verlaufe der Geschichte immer höher, und man muß schon eine erstaunliche Plastizität der menschlichen Natur voraussetzen, um das Gelingen dieser Lernleistungen nicht immer wieder als ein Wunder zu bestaunen.

Das Generationsverhältnis ist nicht ein für allemal festgelegt, sondern unterliegt historischen Wandlungen. In Zeiten relativ geringer gesellschaftlicher und ökonomischer Veränderungen hat die Tradition eine beherrschende Stellung im Erziehungsprozeß; in Zeiten raschen Wandels wie in der Gegenwart dagegen verliert die Tradition zugunsten neuer, aktueller Inhalte ihr großes Gewicht. In dem Maße, wie die Tradition im Erziehungsprozeß ihre Bedeutung verliert, erhält auch das Generationsgefälle einen geringeren Einfluß. In Zeiten rascher Wandlungen und Veränderungen nimmt die durch Erfahrung und Lebensreife begründete Überordnung der Generationen ab zugunsten einer Art gemeinsamer Solidarität gegenüber gleichen Lebensproblemen, die unter anderem durch Lernen von allen lebenden Generationen gelöst werden müssen. Diese Tatsache kann nicht ohne Einfluß auf das Verständnis von Erziehung überhaupt bleiben. An die Stelle eines hierarchischen Gefälles von „Wissenden" und „Unwissenden", von „Mündigen" und „Unmündigen", von „Erfahrenen" und „Unerfahrenen" tritt immer stärker ein Verhältnis der Wechselseitigkeit der Lernenden.

Diese Veränderungen haben natürlich auch Folgen für das eben erwähnte Gewalt- und Fürsorgeverhältnis. Seine Legitimation wird brüchig, und in eben diesem Maße gewinnen Kinder und Jugendliche zumindest das moralische Recht, bei Entscheidungen über ihr Leben (z.B. Freizeit, Schule, Beruf) mitbestimmen zu dürfen.

Kritik am Erziehungsbegriff

Solche Überlegungen werfen die Frage auf, ob der Begriff Erziehung eigentlich noch zeitgemäß sei, um den heute vorfindbaren Umgang von Erwachsenen mit Kindern etwa in Familie und Schule zu beschreiben. Tatsächlich hat sich an dieser Frage in der letzten Zeit Kritik entzündet und zwar im wesentlichen in zwei Varianten: einer moralischen und einer historischen.

1. Die moralische Kritik. Sie wird vorgetragen von einer Gruppe von Autoren, die sich „Anti-Pädagogen" nennen. Ihre Kernthese ist: das Eingreifen von Erwachsenen in das Leben von Kindern mit dem Ziel, diese nach ihren Vorstellungen zu beeinflussen und zu formen (vgl. die Definition von Brezinka) sei unmoralisch, weil sie die Kinder auf die eine oder andere Weise nur schädige. Es sei auch unnötig, weil die Kinder selbst am besten wüßten, was für sie gut und richtig sei. Zwar sollten die Eltern auch weiterhin auf ihre Kinder einwirken, indem sie mit ihnen reden, sich mit ihnen auseinandersetzen, gemeinsam mit ihnen tätig sind, aber nicht mit dem Ziel, dabei ein „erwünschtes Verhalten" (Brezinka) von ihnen zu erwarten. Lediglich dann, wenn die Kinder vitale Interessen der Erwachsenen be- oder verhindern, hätten diese das Recht zur „Notwehr", also dazu, diese ihre Interessen und Bedürfnisse zu behaupten.

2. Die historische Kritik. Sie geht davon aus, daß wegen einer Reihe von Entwicklungen in der modernen Gesellschaft — vor allem der Verbreitung der Massenmedien — wichtige Voraussetzungen dafür entfallen seien, daß *bestimmte* Erwachsene (Eltern, Lehrer) auf *bestimmte* Kinder so einwirken könnten, daß dabei langfristige psychische Dispositionen das Ergebnis sein könnten. Abgesehen von den ersten Kindheitsjahren fehle dafür im Zeitalter der Massenmedien einfach die Möglichkeit, den Lebensraum des Kindes so zu kontrollieren, daß solche Einflüsse abgewehrt werden könnten, die der Erziehungsabsicht im Wege stehen. Die Kinder verbrächten nur noch relativ geringe Zeit in der Familie; in der Schule gebe es keine einheitliche Erziehungseinwirkung mehr, sondern nur eine jeweils individuelle, — je nach der Persönlichkeit des Lehrers. Erziehung habe sich aufgelöst in eine Vielzahl von pluralistischen persönlichen Einwirkungen auf Kinder, die im einzelnen durchaus von Bedeutung sein könnten, aber nicht mehr jene einheitliche Wirkung hätten, wie sie im Begriff Erziehung doch vorausgesetzt werde. Die unterschiedlichen Einwirkungen seien vielmehr so etwas wie Erfahrungsmaterial, mit dem das Kind sich auseinandersetzen müsse, aber je pluralistischer die Erziehungseinflüsse würden, um so mehr würde das Kind auf seine Individualität zurückverwiesen, also darauf, *selbst* in einem solchen Rahmen seine Persönlichkeit zu entwickeln. Nicht mehr Erziehung im Sinne der Definition von Brezinka könne also die Aufgabe der zuständigen Erwachsenen sein, sondern nur noch die Unterstützung und Förderung der Persönlichkeitsentwicklung, die aber letzten Endes in der Verantwortung des Kindes liegen müsse.

Zur *moralischen Kritik* ließe sich unter anderem fragen, ob die Annahme richtig ist, daß Kinder selbst wüßten, was zu einem bestimmten Zeitpunkt ihres Lebens am besten für sie sei. Müssen sie das nicht unter anderem auch dadurch herausfinden, daß sie mit *Forderungen* konfrontiert werden, mit *Aufgaben,* die zu lösen sich lohnt und die Erfolgserlebnisse versprechen? Gehen Kinder sonst nicht wie Erwachsene auch leicht den Weg des geringsten Widerstandes, mit dem Ergebnis, daß sie wichtige Chancen ihrer Persönlichkeitsentwicklung verpassen könnten?

Zur *historischen Kritik* am Erziehungsbegriff ließe sich unter anderem fragen, ob es zweckmäßig ist, einen Begriff wie Erziehung, der so sehr in der Alltagssprache verwurzelt ist, nicht mehr zu verwenden, anstatt ihm eine neue Deutung zu geben; denn Unterstützen und Fördern waren immer schon wichtige Elemente erzieherischen Handelns. Allerdings müßte man dann wohl den Begriff Erziehung anders definieren, als es Brezinka getan hat, etwa so: *Erziehung ist der Versuch der für bestimmte Minderjährige zuständigen Erwachsenen, derart in deren Lebensgeschichte einzugreifen, daß erwünschte Verhaltensweisen unterstützt und gefördert werden.*

Diese Definition geht davon aus, daß heute niemand mehr Kinder planmäßig so beeinflussen kann, wie dies in der Definition von Brezinka anklingt. Schon sehr früh, möglicherweise sogar vom Tage seiner Geburt an, entwickelt das Kind vielmehr eine Lebensgeschichte, die nur *teilweise* durch die Erziehungswirkung von Erwachsenen erklärt werden kann. Die erziehenden Personen — Eltern, Lehrer — können nur *partiell* in diese Lebensgeschichte der Kinder eingreifen.

Allerdings: diese Definition unterscheidet sich kaum noch von dem, was wir mit unserem erwachsenen Partner und mit unseren Freunden auch tun, ohne daß wir es hier Erziehung nennen würden. Aber was soll mit den *unerwünschten* Verhaltensweisen geschehen? Müßten sie nicht im selben Atemzuge kritisiert oder korrigiert werden, wie die erwünschten unterstützt und gefördert werden? Diese Frage ist so einfach nicht zu beantworten. Zunächst einmal werden die unerwünschten Verhaltensweisen ja nach dieser Definition nicht unterstützt und gefördert, werden also insofern von den erwünschten unterschieden. Wichtiger ist aber ein anderer Gesichtspunkt: Es ist weitaus schwieriger, unerwünschte Verhaltensweisen *planmäßig,* und das heißt auf einen längeren Zeitraum hin korrigieren zu wollen, als vielmehr erwünschte zu unterstützen. In der Familie zum Beispiel würde eine solche Praxis die Unbefangenheit des Zusammenlebens erheblich beeinträchtigen, da ja die einen — die Eltern — unablässig die anderen — die Kinder — nicht in ihrem So-Sein akzeptieren würden. Bei Licht besehen hängt es nämlich vom jeweiligen sozialen Ort ab, welche Verhaltensweisen erwünscht sind und welche nicht. Was in der Familie erwünscht ist, kann unter den Gleichaltrigen unerwünscht sein, was in der Schulklasse in Gegenwart des Lehrers erwünscht ist, kann in Abwesenheit des Lehrers unerwünscht sein (man denke etwa an die offizielle Unterrichtssprache einerseits und an den Jugend-Jargon andererseits). Das heißt: erwünschtes wie unerwünschtes Verhalten bildet sich ganz überwiegend durch Teilnahme an unterschiedlichen Gruppen beziehungsweise Gemeinschaften heraus. Gezielte erzieherische Eingriffe aber haben — wenn überhaupt — nur Wirkung am jeweiligen sozialen Ort, zum Beispiel in der Schule oder in der Familie. Inwieweit solche erzieherischen Einwirkungen jedoch zum Bestandteil der Gesamtpersönlichkeit werden, ist eine ganz andere Frage. (L.V.9)

Bildung

Im Unterschied zum Begriff Erziehung, der den Geruch des Notwendig-Unvermeidlichen an sich hat und zudem auf den Umgang mit Unmündigen verweist, haftet dem Begriff der Bildung etwas Elitäres, fast Luxuriöses an. Wer auf sich hält, schmückt sich jedenfalls lieber mit dem Begriff Bildung als mit dem der Erziehung; das ist etwa zu erkennen an Worten wie Bildungsplanung, Bildungsberatung, Bildungswesen, Bildungsökonomie, Bildungspolitik, Gemütsbildung, Affektbildung, Herzensbildung, Erwachsenenbildung, Seniorenbildung usw.

Während man mit dem Begriff Erziehung ein Handlungsproblem bezeichnen kann (Art und Ziel des Umgangs von Erwachsenen mit Nicht-Erwachsenen), verweist der Begriff Bildung auf ein normatives Idealbild der menschlichen Persönlichkeit beziehungsweise auf den Weg, der zur Verwirklichung dieses Idealbildes führen soll. Die Sache ist am besten dadurch zu erklären, daß wir auf den historischen Ursprung zurückgehen.

Das „klassische" Bildungsideal

Das Wort Bildung taucht etwa in der Mitte des 18. Jahrhunderts im deutschen Sprachraum auf. Es ist die Zeit des deutschen Idealismus, jener Dichter und Denker – für die etwa Goethe und Schiller exemplarisch stehen können – die im Untergang der ständischen Gesellschaft ihre Individualität entdecken und sich fragen, wie sie ihre individuelle Autonomie zur höchsten Entfaltung bringen können. Dazu gehörte offensichtlich eine Art geistiger Bildung, die in Distanz zu den täglichen Pflichten bleiben konnte. Die sogenannten Neuhumanisten – vor allem Wilhelm von Humboldt – formulierten mit dem „Gebildeten" ein Persönlichkeitsideal in ausdrücklichem Gegensatz zu dem damals herrschenden utilitaristischen Erziehungsideal, das nicht sehr viel mehr als brauchbare Arbeiter (Handwerker) und brauchbare Staatsdiener verlangte. Im Unterschied dazu forderten die Neuhumanisten *vor* jeder beruflichen Nützlichkeit eine „allgemeine Bildung", von der sie annahmen, daß sie als eine allgemeine, unspezialisierte Potenz des Humanen letztlich auch dem Beruf und dem Staate nützlicher sei als die damals herrschende, von vornherein auf Nützlichkeit, auf „Funktionen", wie wir heute sagen würden, abgestellte Erziehung. Nach der Niederlage Preußens gegen Napoleon ging es darum, das in Ständen voneinander getrennte Volk zum Bewußtsein einer einheitlichen Nation zu bringen. Dazu mußte die bisherige, an den Ständen orientierte Erziehung zumindest so weit geändert werden, daß sie zu einer gemeinsamen Erziehung des ganzen Volkes werden konnte. Gemeinsam sollte nach dem Willen Humboldts und der anderen Neuhumanisten die „allgemeine Menschenbildung" sein; erst danach sollte sich die spezielle Berufsausbildung anschließen.

Grundkategorien der Bildungsidee waren für Humboldt „Individualität", „Universalität" und „Totalität". Sehr vereinfacht heißt das: Wenn ein Mensch geboren wird, ist er noch kein Individuum. Er muß durch den Prozeß der Bildung seine Individualität erst herausarbeiten. Das Ziel der Bildung ist „Totalität", d.h. die Entwicklung möglichst *aller* individuellen Fähigkeiten, aber nicht additiv und unverbunden nebeneinander, sondern so, daß daraus eine mit der ganzen Person integrierte Version wird, daß „Identität" entstehen kann, — wie wir heute sagen würden. Damit nun die Entfaltung aller Anlagen und Fähigkeiten auch tatsächlich erfolgen kann, müssen auch die Bildungs*stoffe,* die Gegenstände, entsprechend ausgewählt sein, sie müssen „universell" sein. Der Begriff „Universalität" meint aber nicht Vielwisserei, daß also *alles* zum Bildungsinhalt werden müsse, es geht vielmehr um alle für die totale Entfaltung des Individuums nötigen geistigen Strukturen und Werte. Diese sahen die Neuhumanisten in idealer Weise vor allem verkörpert in den geistigen Strukturen der antiken Welt.

Die drei Kernbegriffe der neuhumanistischen Bildungstheorie waren also Kampfbegriffe gegen die vorherrschende utilitaristische und ständische Ausbildung der Aufklärung und des Merkantilismus. Dahinter stand die Vorstellung, daß der Mensch mehr aus sich machen könne, als er in den Geschäften seines Alltags war, und daß er mehr lernen könne als das, was bloß zur Verrichtung seiner alltäglichen Geschäfte nützlich ist. Aber nichts lag Denkern wie Humboldt ferner, als Generationen nutzloser und schwärmerischer Bücherwürmer heranwachsen zu lassen. Er versprach sich gerade von einer solchen Bildung eine Veredelung und Verbesserung des Staates und der Gesellschaft. Die Notwendigkeit einer speziellen beruflichen Ausbildung wurde also von den Neuhumanisten nicht bestritten, sondern eher als selbstverständlich vorausgesetzt, aber sie sollte nicht mit der allgemeinen Bildung vermischt werden, weil diese sonst „unrein" würde.

„Jeder ist offenbar nur dann ein guter Handwerker, Kaufmann, Soldat und Geschäftsmann, wenn er an sich und ohne Hinsicht auf seinen besonderen Beruf ein guter, anständiger, seinem Stande nach aufgeklärter Mensch und Bürger ist. Gibt ihm der Schulunterricht, was hiezu erforderlich ist, so erwirbt er die besondere Fähigkeit seines Berufs nachher sehr leicht und behält immer die Freiheit, wie im Leben so oft geschiehet, von einem zum anderen überzugehen" (Humboldt).

Dieses Konzept — noch vor dem Beginn der „großen Industrie" also noch unter ständischen Verhältnissen formuliert — ist nie verwirklicht worden. Das im 19. Jahrhundert sich durchsetzende sogenannte „Berechtigungswesen" — Abitur als Zulassungsvoraussetzung fürs Studium und damit zu höheren Ämtern — sorgte dafür, daß „allgemeine Bildung" und „Berufsausbildung" völlig auseinander fielen. Allgemeine Bildung blieb im Rahmen des Berechtigungswesens den Gymnasien und der Universität vorbehalten, das berufsbildende Schulwesen blieb ebenso wie die Volksschulen außerhalb des Berechtigungswesens; es gab von dort aus keinen Weg zum Abitur. Die „Bildung" der Volksschüler hatte nichts mehr mit dem Konzept der Neuhumanisten zu tun, war nur die Fortsetzung der früheren ständischen Gesinnungserziehung zum Gehorsam gegenüber der Obrigkeit und dem Arbeitgeber. „Allgemeine Bildung" war damit zu einem Privileg der bürgerlichen Klasse geworden.

Bildung und Ausbildung

Erst gegen Ende des vorigen Jahrhunderts änderte sich das. Angesichts der sich verschärfenden sozialen Gegensätze war es für den Staat zu einem Existenzproblem geworden, die sogenannte „soziale Frage" zu lösen: die Integration der Arbeiterschaft in den Staat und in die bürgerliche Gesellschaft. Dafür waren einerseits sozialpolitische Maßnahmen erforderlich (z.B. Sozialgesetzgebung), andererseits aber auch bildungspolitische, die die Arbeiter zur Teilnahme an der bürgerlichen Kultur befähigen sollten. Dann mußte aber der Begriff Bildung neu definiert werden, und zwar so, daß die Arbeiter mit ihrer Existenzweise einbezogen werden konnten. Der Kern ihrer Existenz war aber ihre Arbeit. So formulierte Georg Kerschensteiner im Jahre 1900 die These: Eine allgemeine Menschenbildung für Arbeiter ist nur möglich durch Berufsbildung, wenn also ihre Arbeit das Zentrum der allgemeinen Bildung wird. Die Revision des neuhumanistischen Bildungsbegriffes — dann vor allem von Eduard Spranger weitergeführt — führte nun notwendig dazu, den alten Grundsatz aufzugeben, daß allgemeine Bildung nur in *Distanz* zu den unmittelbaren Lebensaufgaben zu erreichen sei. Da andererseits aber das Berechtigungswesen nicht nennenswert geändert wurde — noch heute ist es schwierig, als Berufstätiger das Abitur nachzuholen — gab es nun eine „Bildung" für die „Gebildeten" (Gymnasium; Universität) und eine „Bildung" für die „Ungebildeten" (Volksschule; Berufsschule).

Dadurch, daß nun die unmittelbare Existenz (nämlich die Arbeit) zum Gegenstand der Bildung wurde, entstand ein neues bildungstheoretisches Problem: *Was* war denn nun „bildend" an dieser Unmittelbarkeit? Sollte es sich nicht um die bloße Zurichtung auf berufliche und staatsbürgerliche Funktionen handeln — die Humboldt ja gerade überwinden wollte — so mußte ein neues Kriterium für die Distanz zur Unmittelbarkeit der Zwecke und Nützlichkeiten eingeführt werden. Dies konnte nur durch „Weltanschauungslehren" geschehen, die alle darauf hinausliefen, daß es darum gehe, die Unmittelbarkeit zu transzendieren, auf eine höhere Ebene zu bringen, zu „veredeln", zu „vergeistigen", zu „versittlichen". Aus dem Egoismus des ökonomischen Handelns (z.B. möglichst viel Geld für die eigene Arbeit zu verdienen) sollte etwa Altruismus, der uneigennützige Einsatz fürs Gemeinwohl werden. Die neue Bildungstheorie wurde so notwendigerweise zur Ideologie, die an den tatsächlichen Bildungsverhältnissen nichts änderte, sie aber nolens volens rechtfertigte; sie verflüchtigte sich in Leerformeln, in Methaphern, wurde zu einer Bildungssprache, die Adorno bissig „Jargon der Eigentlichkeit" nannte. Das Dilemma zeigt sich auch in einigen Definitionen der Bildung aus den fünfziger Jahren:

— Bildung ist „diejenige Verfassung des Menschen, die ihn in den Stand setzt, sowohl sich selbst als auch seine Beziehungen zur Welt in Ordnung zu bringen" (Theodor Litt).

— Bildung ist „der Zustand, in dem man Verantwortung übernehmen und zugleich dort, wo man sich nicht sachverständig weiß, Vertrauen schenken kann" (Erich Weniger).

— Bildung ist „die Fähigkeit, im Gespräch der Gesellschaft mündig mitzusprechen" (Johannes Dietz).

— Bildung ist „geistige Bewältigung von Wirklichkeiten" und „das Schweigen vor dem Unverstandenen" (Hermann Heimpel).

Qualifikation statt Bildung?

Nicht zuletzt um solchen Leerformeln zu entgehen, die keinen praktischen Handlungsimpuls mehr auslösen konnten, hat man in den siebziger Jahren versucht, den Begriff der Bildung durch den der Qualifikation zu ersetzen. Man wollte auf diese Weise herausfinden, welchen Komplex von Kenntnissen und Fähigkeiten ein Mensch braucht, um typische Lebenssituationen (z.B. am Arbeitsplatz; als politischer Wähler; als sexueller Partner; als Fernsehkonsument usw.) in erwünschter Weise handelnd bewältigen zu können. Die Qualität des gewünschten Handelns wurde dabei nicht von den Lernenden festgesetzt, sondern von denen, die die Qualifikationen definierten — meist unter Berufung darauf, sie täten dies in Stellvertretung für die

Lernenden, gleichsam in ihrem wohlverstandenen Interesse. Im Begriff der Qualifikation ist die Instrumentalisierung des ursprünglichen — auf Distanz zur Unmittelbarkeit der Existenz, ja, auf Interesselosigkeit an ihr basierenden — Bildungsbegriffes konsequent zu Ende geführt. Aber diese Versuche sind sehr bald schon daran gescheitert, daß sich herausstellte, daß man entweder endlose Lernzielsequenzen entwerfen mußte, um z.B. zu ermitteln, welche Qualifikation ein moderner Industriearbeiter an seinem Arbeitsplatz braucht; dann würde ein solches Konzept bald unrealisierbar. Oder man beschränkte sich auf das, was auch realisierbar war — zum Beispiel im Unterricht —, dann aber war das Ergebnis ebenso bestreitbar wie die früheren Vorstellungen über den „Bildungswert" von Stoffen und Arbeitstechniken. Inzwischen sind solche Konzepte wieder weitgehend aufgegeben worden. Sie haben uns aber eine sehr wichtige Erfahrung hinterlassen: daß nämlich „Bildung" — was immer wir inhaltlich als Persönlichkeitsideal darunter verstehen mögen — nur sehr begrenzt technisch inszenierbar ist. Das jeweils lernende Individuum entscheidet offensichtlich selbst darüber, welche Art von „Bildungsgang" es aus den ihm angebotenen „Bildungsgütern" macht, indem es sich mit diesen auseinandersetzt. Der sogenannte „Bildungskanon", also das Insgesamt der Stoffe, die für besonders bildend gehalten wurden, blieb etwa in Gestalt des humanistischen Gymnasium solange am Leben, wie die diesen Kanon tragende soziale Schicht — das Bildungsbürgertum — einen entsprechenden kulturellen Einfluß ausüben konnte. In dem Maße jedoch, wie dieser Einfluß schwand, konnte die Lücke nur durch pragmatische Verständigung der Bildungspolitiker geschlossen werden. Es gibt für den „Fächerkanon" der heutigen allgemeinbildenden Schulen keine allgemein anerkannte Bildungstheorie mehr, wie sie Humboldt seinerzeit für sein Konzept entworfen hatte.

Die Zukunft der Bildung

Angesichts der geschilderten Bedeutungsunterschiede, die im Verlauf der jüngsten Geschichte dem Bildungsbegriff widerfahren sind, verwundert es nicht, wenn er in der gegenwärtigen erziehungswissenschaftlichen Diskussion unterschiedlich verwendet wird. Drei Varianten seien kurz erwähnt:

1. Wir können ihn als einen historischen Begriff in dem Sinne nehmen, daß er der Kernbegriff der neuhumanistischen Bildungsidee war, nur in diesem Rahmen wirklich verständlich ist und uns heute nicht mehr hilft. Wir würden ihn so also einer bestimmten geschichtlichen Epoche zuordnen. Dafür tritt in vielen seiner Arbeiten der Kieler Pädagoge Theodor Wilhelm ein. Er hat in seiner „Theorie der Schule" z.B. den Versuch unternommen, eine Schultheorie unter völligem Verzicht auf den Begriff der Bildung zu entwerfen.

2. Eine weitere Möglichkeit ist, den Bildungsbegriff einem bestimmten *Problem* zuzuordnen, mit dem wir uns tatsächlich auseinanderzusetzen haben. So hat Wolfgang Klafki vorgeschlagen, ihn als Oberbegriff für die pädagogischen Zielvorstellungen anzuwenden, also als diejenige pädagogische Kategorie, die alle einzelnen pädagogischen Handlungen und Denkansätze zu integrieren habe. Damit wäre der Begriff Bildung gewissermaßen enthistorisiert und formalisiert. Einfacher gesagt: die Neuhumanisten haben den Begriff Bildung für eine *bestimmte* Zielvorstellung verwendet; wir verwenden ihn Klafki folgend aber so, daß wir von dieser bestimmten Inhaltlichkeit absehen und ihn allgemein als Zielbegriff festhalten, formal, d.h. indem wir die Frage, was im einzelnen damit gemeint sein könnte, einer zweiten Überlegung überlassen. In diesem Sinne könnten wir sagen, daß auch die moderne Curriculum-Theorie an den alten Grundproblemen der Bildung arbeite.

3. Andere Pädagogen (z.B. Langeveld und Groothoff) schlagen vor, den Begriff der Bildung für die „Personagenese" vorzusehen, d.h. für die Entwicklung des Menschen, sofern sie mehr ist als bloße biologische Reifung, also mehr als bloßer Naturablauf. Wir haben ja gesehen, daß die Entwicklung des Menschen von der Geburt an ein komplexer Vorgang aus Erbfaktoren, Lernleistungen, körperlichen Reifungen, Erfahrungen und Erlebnissen ist. In diesem Falle würde also der Begriff Bildung bezogen auf die je einzelne Biographie, und wir könnten dann von der Bildung

eines bestimmten Dreijährigen oder eines bestimmten Zwanzig-oder Fünfzigjährigen sprechen, indem wir damit das Insgesamt seiner jeweiligen Welt- und Selbstvorstellung meinen.

Diese drei Vorschläge sind durchaus plausibel, aber sie bringen doch auch den Kern des ursprünglich Gemeinten zum Verschwinden. Zu retten für die gegenwärtige Diskussion wäre der Bildungsbegriff vielleicht durch folgende Überlegungen:

1. Der Begriff der Bildung entsteht in einem ganz bestimmten Zeitraum unserer abendländischen Geschichte, in der sogenannten deutschen Klassik beziehungsweise im Neuhumanismus. Genaugenommen ist er sogar ein typisch deutscher Begriff, in England und Frankreich gibt es kein vergleichbares Wort (wohl allerdings in Rußland). Der geschichtliche Ort der Entstehung des Bildungsbegriffes ist ungefähr die Entstehung der modernen bürgerlichen Welt, wo nicht nur die Prozesse der modernen Industrialisierung, sondern damit zusammenhängend auch die vielschichtigen Prozesse der modernen Demokratisierung einsetzen. In dieser Zeit wird mit dem „Gebildeten" ein pädagogisches Ideal verkündet, das sich ausdrücklich gegen den ökonomischen Utilitarismus seiner Zeit wendet. Von daher rührt der bis heute geläufige Vorwurf, dieses Bildungsideal sei wertlos im Hinblick auf die Arbeitswelt und damit überhaupt für die Bewältigung der modernen Lebensaufgaben.

2. Im Unterschied zum Begriff der Erziehung, der wesentlich auch Machtbeziehungen von Menschen über Menschen ausdrückt, impliziert der Begriff der Bildung ursprünglich solche Beziehungen nicht. Dies ist, wie ich glaube, der wesentliche Grund dafür, weshalb eine befriedigende Versöhnung zwischen den Begriffen Erziehung und Bildung nie gelungen ist. Bildung war gedacht als die in jeder Hinsicht freie Begegnung des Individuums mit den für besonders bildend gehaltenen kulturellen Objektivationen der Antike, besonders der Griechen. In dieser Konzeption war die Formel von der „Gemeinschaft der Lehrenden und Lernenden" an den neuen Universitäten keine Phrase. Das Moderne an jenem alten Bildungsbegriff scheint mir zu

sein, daß es den Blick auf die lernenden Subjekte gerichtet hat, die nicht einfach von anderen „gebildet *werden*", sondern ihre Kenntnisse und Fähigkeiten *selbst* ausbilden müssen: *Bildung als Anspruch individueller menschlicher Selbstverwirklichung, dem das Bildungswesen zu dienen hat.*

3. Ebenso wichtig ist aber auch die andere Vorstellung, daß Bildung mit der Fähigkeit zur Distanz von den unmittelbaren privaten und gesellschaftlichen Interessen zu tun hat, und zwar eben mit dem Ziel, diese Interessen so — und *nur* so! — *kritisch* realisieren zu können. Dieser *antiutilitaristische Impuls* der Bildungsidee wird nicht zuletzt deshalb wieder interessant, weil die moderne Massenfreizeit unser Verhältnis zu Arbeit und Beruf erheblich verändert hat. Obwohl das Ziel einer qualifizierten Berufsausbildung weiterhin im Vordergrund steht, bestreitet heute kaum jemand noch, daß die Menschen auch für eine befriedigende *politische* und *freizeitkulturelle* Existenz sich bilden müssen und daß ihnen dazu auch im Rahmen des Bildungswesens Gelegenheit gegeben werden muß. Je mehr zudem die hierarchischen Beziehungsverhältnisse im Berufsleben kooperativen Beziehungsformen weichen müssen, um so nötiger werden allgemeine Qualifikationen, die weit über die im engeren Sinne beruflichen hinausweisen.

Die Distanz zur Unmittelbarkeit unserer Existenz — wie sie die alte Bildungsidee gefordert hatte — können wir allerdings nicht mehr allein durch die Beschäftigung mit gegenwartsfernen Stoffen — z.B. der Antike — gewinnen. Dafür haben wir heute noch andere Möglichkeiten zur Verfügung. Eine davon ist die *Rollendistanz:* Die Trennung von Arbeit und Freizeit z.B. ermöglicht uns, die eine Rolle aus der Perspektive der anderen zu betrachten und sie damit zu relativieren. Die unterschiedlichen Erfahrungen, die wir in der Freizeit einerseits und am Arbeitsplatz andererseits machen, ermöglichen uns kritische Distanz aus dem unmittelbaren Erleben heraus, ohne daß wir dafür an vom Alltag weit entlegene Gegenstände und Themen denken müssen.

Eine andere Möglichkeit zur kritischen Distanzierung erwächst aus der Verwendung wissenschaftlicher Kategorien, die inzwischen z.T. über die Publizistik weit in unser

Alltagsleben eingedrungen sind. Zu denken ist etwa an den *Perspektivenwechsel,* der uns lehrt, uns in das Denken und Handeln anderer Menschen und sozialer Gruppen einzufühlen und damit kritische Distanz zu unseren eigenen Absichten und Strebungen zu gewinnen.

Wenn wir also versuchen, die klassische Bildungsidee in ihrem Kern freizulegen und alles nur Zeitbedingte abzustreifen, dann könnte sie sich als noch nicht eingelöste Utopie erweisen, deren Leitmotive (Individualisierung; umfassende Entwicklung der menschlichen Fähigkeiten; Distanz zur bloßen Nützlichkeit) uns heute als kritische Maßstäbe dienen könnten.

Bildungspolitik

Warum aber wurde aus dem klassischen Bildungsideal, das für alle Bürger gedacht war, ein Privileg für eine Klasse, nämlich das Bürgertum?

Dafür gab es eine ganze Reihe von Gründen, die wir hier nicht im einzelnen erörtern können, aber sie sind alle *politischer* Natur, d.h. sie haben mit der *Gewinnung von Macht* beziehungsweise mit der *Erhaltung von Macht* zu tun. Bildung ist also keineswegs nur ein *pädagogisches* Phänomen, als das wir sie bisher betrachtet haben, sondern auch ein *politisches,* nämlich in Gestalt der *Bildungspolitik.*

An dieser Stelle können wir uns noch einmal an die Definition von Erziehung erinnern, die S. Bernfeld formuliert hat: Jede Gesellschaft sei in irgendeiner Weise auf die Tatsache der Kindheit hin organisiert, habe „irgendwelche Einrichtungen, die nur wegen der Entwicklungstatsache bestehen". Zu diesen Einrichtungen gehört unter anderem auch das Bildungswesen, — vom Kindergarten bis zur Universität. Erst im 19. und 20. Jahrhundert hat sich unser modernes Bildungswesen zu seiner gegenwärtigen Komplexität und Kompliziertheit entwickelt. Jedoch verlief diese Entwicklung nicht einheitlich. Das Bürgertum interessierte sich nämlich zunächst nur für die oberen Stufen des Bildungswesens (Gymnasium und Universität), weil es seinen sozialen Aufstieg gegenüber dem Adel wesentlich auf Bildung und auf die darauf resultierenden Leistungen („Berechtigungen") gründete: Die Führungspositionen in Staat und Gesellschaft sollten aufgrund solcher Leistungen (Abitur; Universitätsabschluß) vergeben werden und nicht mehr aufgrund von Geburtsprivilegien. Bis etwa zum Ersten Weltkrieg konnte das Bürgertum sich damit aber nur teilweise durchsetzen; die politischen und militärischen Führungspositionen blieben im wesentlichen in der Hand des Adels, das Bürgertum konnte lediglich ins höhere Bildungswesen („Bildungsbürgertum"), in die Wirtschaft („Wirtschaftsbürgertum") und in mittlere und gehobene Beamtenpositionen eindringen.

Das niedere Bildungswesen („Volksschule") blieb dagegen lange vernachlässigt. Es gab von der Volksschule keinen Weg in die höheren Bildungsformen, und wer das Gymnasium besuchen wollte, mußte erst seit 1920 („Grundschulgesetz") auch die Volksschule besuchen, nämlich die vierjährige Grundschule. Vor 1920 wurden die Bürgerkinder entweder durch Privatlehrer oder durch sogenannte „Vorschulen" auf den Eintritt ins Gymnasium vorbereitet. Die Kinder des Bürgertums und die der Arbeiter und Bauern trafen sich also nicht in gemeinsamen Schulen, sondern hatten von Anfang an getrennte Schullaufbahnen. Die Arbeiterbewegung einerseits und die liberalen Berufsorganisationen der Volksschullehrerschaft andererseits kämpften gegen diese „Klassenbildung" und gegen das daraus resultierende „Bildungsprivileg". Sie forderten die „Einheitsschule", eine Schule für *alle* Kinder des Volkes, in der es unterschiedliche Abschlüsse je nach Maß der Begabung geben sollte, — ähnlich wie es heute einen Hauptschul-, Realschulabschluß und das Abitur gibt, nur sollte die „Einheitsschule" solche Abschlüsse eben im Rahmen einer einzigen Schulform gewähren.

Diese Einheitsschule ist nie verwirklicht worden; durchgesetzt hat sich vielmehr das sogenannte „dreigliedrige Schulwesen", Volksschule — später Hauptschule —, Realschule, Gymnasium, als jeweils eigene Schulformen, deren Abschlüsse mit unterschiedlichen Berechtigungen für den Zugang zu bestimmten Berufsgruppen beziehungsweise zu weiteren Berufsausbildungen verbunden waren. Erst in der Bildungsreform der 70er Jahre kam diese Entwicklung nicht zuletzt durch die Alternative der Gesamtschule insofern zu einem historischen Abschluß, als seitdem der Bildungsweg des Kindes zwar immer noch mit finanziellen Einbußen der Eltern verbunden ist, jedoch nicht mehr abhängig ist von der sozialen Herkunft.

Hinter den jahrzehntelangen Auseinandersetzungen über diese Schulreformen stand das Problem der *Integration der Arbeiterschaft.* Spätestens um die Jahrhundertwende zeichnete sich ab, daß die Integration der nun in mächtigen Organisationen zusammengefaßten Arbeiterschaft in die bürgerliche Gesellschaft scheitern mußte, wenn es nicht gelang, den Arbeiterkindern wenigstens ein Minimum an „Chancengleichheit" für den Aufstieg durch höhere Bildung zu gewährleisten.

Es gab aber noch ein weiteres Integrationsproblem, das uns heute kaum noch bekannt ist, aber zu jahrzehntelangen erbitterten Auseinandersetzungen geführt hat: Die *Integration der Konfessionen.* Im Verlaufe des 18./19. Jahrhunderts hatte sich der Staat die Rechtsaufsicht über das ganze Bildungswesen gesichert, aber für die Volksschulen hatte er sie bis 1919 den Kirchen weitgehend zur Ausübung überlassen („geistliche Schulaufsicht"). Hieraus resultierten eine Reihe von Konflikten. So erlebten viele Lehrer die Schulaufsicht als Gesinnungskontrolle und forderten über ihre Organisationen eine *fachliche* Schulaufsicht (also durch pädagogisch ausgebildete Personen), die auch in der Weimarer Zeit eingeführt wurde. Zudem entstand die Frage, was mit denjenigen Kindern geschehen solle, deren Eltern sich keiner Konfession zugehörig fühlten. Die Arbeiterbewegung schließlich lehnte die Konfessionsschulen grundsätzlich ab, weil sie sie für pädagogisch rückständig und für politisch reaktionär hielt. Vor allem in der Weimarer Zeit ergaben sich dadurch erhebliche innenpolitische Polarisierungen. Auch nach 1945 spielte die konfessionelle Trennung des Volksschulwesens noch eine Rolle, aber die Konfessionsschule fand in der Bevölkerung immer weniger Resonanz und heute kann man dieses Problem wie das der Integration der Arbeiterschaft als historisch erledigt betrachten. Es gibt zwar auch heute noch Integrationsprobleme, wenn wir etwa an Ausländerkinder oder an deutschstämmige Aussiedler denken, aber deren Probleme müs sen nicht durch eine grundsätzliche Veränderung des Bildungswesens gelöst werden, vielmehr reichen dazu ergänzende Maßnahmen (z.B. Sprachkurse) aus.

Diese beiden Integrationsprobleme — Arbeiterschaft und Konfessionen — waren die klassischen Themen der traditionellen Bildungspolitik. Als man aber in den 60er Jahren auch die Bildungsbenachteiligung der Mädchen im Vergleich zu den Jungen entdeckte, bekam die bildungspolitische Diskussion einen neuen Akzent. Jetzt ging es nicht mehr um nationale beziehungsweise gesellschaftliche Integration, sondern um ein *individuelles Recht* auf optimale Bildung, also um das, was R. Dahrendorf das „Bürgerrecht auf Bildung" genannt hat. Vom Staat als Träger des Bildungswesens wird nun zunehmend erwartet, daß er in seinen Bildungseinrichtungen möglichst jedem Kind die Chance gibt, seine Fähigkeiten zu entfalten. Das gilt sowohl im Hinblick auf die Förderung der überdurchschnittlichen Schüler („Elitenbildung") wie auch im Hinblick auf die Förderung des Durchschnitts. Im Vergleich zu diesen Erwartungen verlieren allgemeine Erziehungsziele immer mehr an Gewicht. Das Bildungswesen wird zu einer öffentlichen Dienstleistung wie andere auch. Es ist zu vermuten, daß diese Tendenzwende — weg vom staatlichen Erziehungsanspruch und hin zur Bildungsdienstleistung — sich fortsetzen und das bisherige Gesicht unseres Bildungswesens noch erheblich verändern wird.

In diesem Prozeß wird nun die staatliche Bildungspolitik keineswegs überflüssig, sie muß nach wie vor nämlich mindestens zwei Probleme lösen.

1. Der Staat muß einen *Lehrplan* aufstellen, d.h. festsetzen, was in welchem Umfang in den Schulen unterrichtet werden soll. Er kann dies unterschiedlich regeln, indem er z.B. nur allgemeine Hinweise auf die Stoffe gibt und es den Lehrern überläßt, wie sie diesen Rahmen ausfüllen. Er kann aber auch detaillierte Vorschriften machen, im Extremfall den Stoff für jede einzelne Unterrichtsstunde vorschreiben. Wir können immer wieder erleben, wie strittig solche Entscheidungen sind, zumal wir seit dem historischen Ende des „Gebildeten" kein Persönlichkeitsideal mehr haben, das wir für solche Entscheidungen zum Maß-

stab nehmen könnten. Deshalb kommen solche Richtlinienentscheidungen heute zustande in Form von Kompromissen zwischen politischen Parteien und einschlägigen Interessengruppen.

2. Damit überschneidet sich ein weiteres Problem, das der *Berechtigungen*. Das schon erwähnte bürgerliche Prinzip, gesellschaftlicher Status solle durch Leistung erworben werden, also auch durch Schulleistungen, hat zur Folge, daß diese Leistungen *vergleichbar* gemacht werden müssen, damit die Chancen auch *gerecht* verteilt werden können. Strenggenommen müßte ein Abitur in München auf derselben Leistung beruhen wie eines in Hamburg. Die Pflicht des Staates, dieses Berechtigungswesen zu regulieren, hat in den letzten Jahrzehnten zu der vielfach beklagten Bürokratisierung innerhalb unseres Bildungswesens geführt. (L.V.10)

Öffentliche Erziehungs- und Bildungsziele

Damit ist ein schwieriges Thema angesprochen, nämlich das der öffentlichen Erziehungs- und Bildungsziele. Schließlich kann man kein kostspieliges Bildungswesen unterhalten, ohne dem Steuerzahler zu erklären, welche Ziele damit verbunden sein sollen. Ein Automobilwerk produziert Autos, aber was sollen unsere Schulen produzieren?

Wenn wir einen Blick in die Länderverfassungen oder in die Schulgesetze werfen, dann stellen wir fest, daß sich dort tatsächlich allgemeine Zielformulierungen finden. Im Mai 1973 z.B. haben die Kultusminister gemeinsam folgende Aufgaben für die Schule formuliert:

„Die Schule soll
— Wissen, Fertigkeiten und Fähigkeiten vermitteln,

— *zu selbständigem, kritischem Urteil, eigenverantwortlichem Handeln und schöpferischer Tätigkeit befähigen,*
— *zur Freiheit und Demokratie erziehen,*
— *zu Toleranz, Achtung vor der Würde des anderen Menschen und Respekt vor anderen Überzeugungen erziehen,*
— *friedliche Gesinnung im Geist der Völkerverständigung wecken,*
— *ethische Normen sowie kulturelle und religiöse Normen verständlich machen,*
— *die Bereitschaft zu sozialem Handeln und zu politischer Verantwortung wecken,*
— *zur Wahrnehmung von Rechten und Pflichten in der Gesellschaft befähigen,*
— *über die Bedingungen der Arbeitswelt orientieren".*

Die Tatsache, daß die Kultusminister sich damals über diesen Zielkatalog *gemeinsam* — also über die parteipolitischen Grenzen hinweg — verständigt haben, zeigt, daß es sich hier um *konsensfähige* Ziele handelt, also um solche, die offensichtlich von einer großen Mehrheit der Bevölkerung mitgetragen werden können. Gerade deshalb sind sie als Beispiel genannt, obwohl sich inzwischen wieder parteipolitische Polarisierungen ergeben haben.

Nun ist gegen diese Zielformulierungen wenig zu sagen, kein vernünftiger Mensch wird ihnen widersprechen. Das Problem ist nur, daß sie

1. sehr vage und allgemein formuliert sind (deshalb wohl auch der politische Konsens!),

2. keine Angaben darüber enthalten, wie sie denn nun unter den Bedingungen der Schule und des dort möglichen Unterrichts auch verwirklicht werden sollen beziehungsweise können.

Aber wir dürfen durch solche praktischen, kritischen Rückfragen den Sinn solcher *politischen* Formulierungen nicht verfehlen. Ihre politische Funktion ist, daß sie allgemeine normative Leitvorstellungen angeben, auf die sich die Betroffenen im Konfliktfalle durchaus beziehen können. Insofern ist es ein wichtiger Unterschied, ob solche unzweifelhaft demokratischen Normen formuliert sind, oder ob — wie früher einmal — rassistische Töne anzutreffen wären.

Im Schulalltag mag es also gelegentlich heftige Auseinandersetzungen zwischen den Beteiligten darüber geben, wie diese Ziele nun im konkreten Falle zu verstehen seien, aber alle Beteiligten werden doch auch gezwungen, ihre Argumente an diesen Normen zu messen und zu orientieren.

Deutlich wird also, daß der demokratische Staat heute nur noch in einem solchen weiten, ständig der konkreten Interpretation bedürftigen Rahmen Erziehungs- und Bildungsziele festlegen kann, nicht jedoch mehr im Sinne einer unmittelbaren, weltanschaulich orientierten Einwirkung auf den einzelnen Schüler. Dies ist gleichsam der politische Preis, den der Staat für die im Kapitel „Bildungspolitik" geschilderte Integration hat zahlen müssen: Nun muß er darauf Rücksicht nehmen, daß es in seinen Schulen Schüler mit unterschiedlichen weltanschaulichen, religiösen und politischen Grundpositionen gibt. Würde er Bildungs-und Erziehungsziele einfordern, die diesem Pluralismus nicht gerecht würden, dann würde er die historisch erreichte Integration wieder gefährden.

Mündigkeit, Partizipation, Emanzipation

Die staatliche Ebene ist aber nicht die einzige, auf der öffentliche Erziehungs- und Bildungsziele erörtert und auch entschieden werden. Neben dem staatlich monopolisierten Bildungswesen (Schule und Hochschule) gibt es bei uns auch Einrichtungen der Erwachsenenbildung und der Jugendarbeit, die zu einem großen Teil von nicht-staatlichen, sogenannten „freien Trägern" betrieben werden. Diese (z.B. Kirchen, Gewerkschaften, Arbeitnehmerverbände) haben das Recht, ihre *partikularen* Zielvorstellungen anzubieten und zu realisieren. Sie müssen also viele der Rücksichten nicht nehmen, die der staatliche Schulträger nehmen muß.

Zudem gibt es eine *fachliche* Ebene solcher Zieldiskussionen in der Öffentlichkeit, getragen vor allem von Wissenschaftlern, Publizisten und Vertretern der im weitesten Sinne pädagogischen Berufe, deren Ergebnisse sowohl das staatliche wie das nichtstaatliche Bildungswesen beeinflussen. Diese fachliche Diskussion ist natürlich ungemein vielschichtig und läßt sich hier nicht auf knappem Raum wiedergeben. Kurz skizzieren lassen sich aber drei Grundpositionen, wie sie sich in den letzten Jahrzehnten herausgebildet haben und die sich um die Begriffe Mündigkeit, Partizipation und Emanzipation gruppieren lassen.

Von „*Mündigkeit*" war schon die Rede. Der Begriff kann im engeren, juristischen Sinne gebraucht werden, dann meint er die Fähigkeiten, die nötig sind, um die Rechte und Pflichten eines Erwachsenen (eines „Volljährigen") wahrnehmen zu können. Eine umfassendere, jene Definition von Mündigkeit gleichsam transzendierende Bedeutung hat der Begriff jedoch seit der Zeit der Aufklärung. In seiner Schrift: „Was ist Aufklärung?" schreibt Kant:

„Aufklärung ist der Ausgang des Menschen aus seiner selbstverschuldeten Unmündigkeit. Unmündigkeit ist das Unvermögen, sich seines Verstandes ohne Leitung eines anderen zu bedienen. Selbstverschuldet ist diese Unmündigkeit, wenn die Ursache derselben nicht am Mangel des Verstandes, sondern der Entschließung und des Mutes liegt, sich seiner ohne Leitung eines anderen zu bedienen. Sapere aude! Habe Mut dich deines Verstandes zu bedienen! ist also der Wahlspruch der Aufklärung".

Seitdem ist die Vorstellung vom „mündigen Menschen" aufs engste mit dem Begriff der Demokratie verbunden, demokratische Staats- und Gesellschaftsformen haben die Mündigkeit ihrer Bürger zur Voraussetzung. Der Mündige paßt sich nach diesem Leitbild gesellschaftlichen Zwängen nicht nur einfach an, er prüft ihre Ansprüche auch vor seinem *eigenen* Bewußtsein („ohne Anleitung eines anderen"), durchschaut die Strukturen seiner Lebensbedingungen und läßt sich nichts vormachen. Ein Ideal, das — ähnlich wie das des Gebildeten — das Individuum in seiner höchstmöglichen Entfaltung meint und auf die prinzipielle *Gleichheit* der Menschen zielt, sofern diese gewillt und in der Lage sind, ihren Verstand entsprechend zu entwickeln.

Handelt es sich beim Zielbegriff „Mündigkeit" um einen Versuch, die Substanz dessen, was Demokratie ist, *inhaltlich* zu fassen, so hebt der Begriff „*Partizipation*" (bzw. Beteiligung) stärker auf die *formale* Seite der demokratischen Gesellschaft ab. Die Vorstellung ist, daß jeder Bürger das

Recht hat, nach seinem „Vermögen" (im materiellen wie ideellen Sinne!) und seinen Interessen an den politischen, kulturellen und beruflichen Institutionen und Angeboten der Gesellschaft teilzunehmen und das dafür Nötige zu lernen. Während der Begriff Mündigkeit einen starken gesellschaftskritischen Impetus hat — die gesellschaftlichen Verhältnisse werden insofern immer auch kritisiert, als sie der Mündigkeit aller im Wege stehen — nimmt der Begriff der Partizipation die Gesellschaft im wesentlichen so hin wie sie ist; er billigt den Bürgern zwar auch das Recht zu, gemäß ihren Interessen gesellschaftliche Zustände zu ändern, aber dies ist nicht notwendigerweise Bestandteil des Zielbegriffs Partizipation, sondern bleibt ihm äußerlich.

Die Art und Weise der Partizipation bzw. ihre Qualität — ob es sich z.B. um eine mündige oder nur um eine konformistische Partizipation handelt — bleibt offen. Es kommt hier vor allem darauf an, daß das demokratische Gemeinwesen nach den dafür vorgegebenen Regeln funktioniert. Man kann also sagen, daß sich in den Begriffen Mündigkeit bzw. Partizipation zwei unterschiedliche Vorstellungen über das demokratische Selbstverständnis ausdrücken.

In gewisser Weise versucht der Begriff *Emanzipation* beide Vorstellungen zu verbinden. Einerseits nimmt er die Leitvorstellungen der Mündigkeit zu seinem Maßstab, andererseits bringt er aber zum Ausdruck, daß sich Mündigkeit nur in der Teilnahme an politischen, kulturellen und beruflichen Aufgaben verwirklichen und überprüfen kann. Vor allem aber versteht der Begriff Emanzipation den *Weg* zur Mündigkeit als einen *historischen Prozeß,* der aufs engste mit dem modernen Demokratisierungsprozeß zusammenhängt. Dieser hat zum Ziel, die materiellen, politischen und kulturellen *Bedingungen* der Ungleichheit unter den Menschen zu beseitigen; das bedeutet nicht *Gleichmacherei,* sondern nur die *Herstellung gleicher Bedingungen* für die Artikulation und Realisierung von Bedürfnissen. Ungleichheit wird ja nur insofern als Übel erlebt, als dadurch auch Chancen für die Befriedigung wichtiger Bedürfnisse ungleich sind. Dieser historische Prozeß ist heute noch keineswegs abgeschlossen — schon gar nicht im Hinblick auf die unterentwickelten Länder. Aus der Perspektive der jeweils unterdrückten bzw. benachteiligten Gruppen und

Klassen stellt sich dieser Prozeß als ein Kampf um Emanzipation dar (Emanzipation der Arbeiter, der Frauen, der Lehrer, der Jugendlichen usw.). Je nach dem Stand der historischen Entwicklung kann also zumindest für bestimmte Gruppen der Anspruch an Mündigkeit nur zum Teil eingelöst werden, aber man muß — wenn man an diesem Ziel überhaupt festhalten will — vom jeweiligen historischen Standpunkt aus zu ermitteln versuchen, in welcher Richtung die Bedingungen für Emanzipation und damit für Mündigkeit zu verbessern sind. Es genügt nicht, „für Emanzipation zu sein", man muß auch genau prüfen, ob das, was man in der gegenwärtigen Diskussion vertritt, tatsächlich den Spielraum an Emanzipation und Mündigkeit erweitert. Der Begriff Emanzipation taugt also wenig dazu, Idealvorstellungen von einer in diesem Sinne vollendeten Persönlichkeit zu entwickeln und danach das erzieherische Handeln auszurichten; vielmehr rechnet er mit der historisch gegebenen Unzulänglichkeit der gesellschaftlichen Verhältnisse und mit dem „defizienten Charakter" der vergesellschafteten Menschen und bietet sich an als normatives Postulat zur Kritik dieser Verhältnisse, wobei das Idealbild der Mündigkeit aller Menschen leitender Maßstab ist.

Diese drei Zielvorstellungen sind primär politisch-philosophische Denk- und Argumentationsfiguren und erst sekundär auch pädagogische. Sie sagen nämlich etwas darüber aus, mit welchen Qualifikationen die Bürger des demokratischen Gemeinwesens ausgestattet sein sollen und mit welchen Kenntnissen, Haltungen und Gesinnungen sie in der Gesellschaft leben sollen. *Pädagogische* Bedeutung bekommen diese Zielbegriffe erst dann, wenn sie in den staatlichen oder nichtstaatlichen Bildungseinrichtungen als *Lernaufgaben* inszeniert werden sollen.

Die Rolle der Erziehungswissenschaft

Welche Hilfe können wir nun in dieser Zieldebatte von der Erziehungswissenschaft erwarten?

Die Erziehungswissenschaft hat sich lange, noch bis nach dem Zweiten Weltkrieg, überwiegend als *normative* Wissenschaft verstanden. Sie glaubte, die Normen für ein

„richtiges Aufwachsen" von Kindern teils aus historischen, teils aus kinderpsychologischen Analysen herleiten zu können. Dies hat sich insofern als Irrtum herausgestellt, als sich immer nachweisen ließ, daß solche Normen auch nur Teil des gesellschaftlichen Pluralismus, also insofern parteilich waren wie andere normative Positionen auch.

Deshalb haben in den letzten Jahrzehnten eine Reihe von Erziehungswissenschaftlern, als deren Repräsentant Wolfgang Brezinka gelten kann, versucht, das leidige Problem der Normen überhaupt aus der Erziehungswissenschaft auszuklammern und anderen Instanzen zu übertragen. Ihre Argumentation läßt sich etwa so zusammenfassen:

Die Wissenschaft − also auch die Erziehungswissenschaft − ist nicht zuständig für die Entscheidung normativer Fragen. Zuständig dafür sind vielmehr diejenigen Instanzen, die unsere Verfassung ausdrücklich dafür vorgesehen hat: Je nachdem z.B. die Eltern, die Parlamente, die Kultusminister oder aber auch eine gesellschaftliche Teilgruppe − wie die Gewerkschaften oder Kirchen − im Rahmen ihrer eigenen außerschulischen Bildungstätigkeit. Aufgabe der Wissenschaft kann nur sein, die Zielentscheidungen solcher gesellschaftlich legitimierter Instanzen vorauszusetzen und Hilfen für deren Realisierung anzubieten. So kann die Wissenschaft z.B. nachweisen, daß ein bestimmtes Erziehungsziel so allgemein und inhaltsleer formuliert ist, daß es sich in dieser Form gar nicht nachprüfbar realisieren läßt. Sie kann dann z.B. vorschlagen, dieses Ziel zu operationalisieren, d.h. so in aufeinander bezogene Teilziele aufzulösen, daß diese dann tatsächlich auch nachprüfbar realisiert werden können. Oder die Wissenschaft kann einer für die normativen Ziele zuständigen Instanz (z.B. dem Kultusministerium) nachweisen, daß ihre formulierten Ziele sich derart widersprechen, daß man nur entweder das eine oder das andere realisieren könne. Oder sie kann auf die *Folgen* einer bestimmten Zielformulierung aufmerksam machen usw.

In dieser Vorstellung versteht sich die Erziehungswissenschaft also als eine Dienstleistungsfunktion für diejenigen Instanzen, die zur Festsetzung von normativen Erziehungszielen berechtigt sind. Der einzelne Wissenschaftler kann demnach sehr wohl *für* bestimmte Erziehungsziele und *gegen* andere öffentlich eintreten — insofern er dieses Recht als Staatsbürger sowieso hat und er darüber hinaus auch im Rahmen dafür kompetenter Gremien wirken kann. Aber er kann nach dieser Auffassung nicht die Wissenschaft für seine normativen Entscheidungen bemühen.

In der Tat vermag die Wissenschaft als solche keine Erziehungsziele festzusetzen, sie kann sie nicht *konstruieren,* wohl aber kann sie vorhandene mit ihren Methoden *kritisieren,* und zwar nicht nur in jenem technischen Sinne, wie Brezinka meint, sondern auch in einem *substantiellen* Sinne. Dafür braucht sie natürlich einen *Maßstab,* der offengelegt und damit selbst zur Diskussion stehen muß.

Ein solcher Maßstab kann z.B. die Frage sein, ob die Erziehungsziele dem demokratischen Selbstverständnis unserer Gesellschaft entsprechen, wobei ja zu beachten ist, daß Erziehungsziele in der Regel nur dann öffentlich problematisiert werden, wenn es sich um das öffentliche, vom Staat monopolisierte Schulwesen oder um sozialpädagogische Einrichtungen handelt.

Sieht man sich Zielentscheidungen der dafür zuständigen gesellschaftlichen und staatlichen Instanzen (z.B. der Kultusminister) genauer an, so stellt man fest, daß diese nicht einfach aus nicht weiter erläuterten und begründeten Willensentscheidungen bestehen, sondern daß sie im Gegenteil mit Begründungen und theoretischen Annahmen versehen sind, die irgendwie um den Leitbegriff „Demokratie" kreisen. Offenbar steht eine gesellschaftliche Praxis wie die Erziehung in einem weit über die Willenserklärung hinausgehenden öffentlichen Rechtfertigungs- und Begründungs*zwang,* der aber nun nicht irgendwie beliebig ist, sondern auf entscheidende, geschichtlich überlieferte Kategorien von Demokratie bezogen ist.

Wenn das so ist, dann müssen solche Begründungen auch auf dieser Ebene wissenschaftlich diskutierbar sein, dann ist zu fragen, ob dies alles einfach dem vorwissenschaftlichen politischen Meinen überlassen werden kann oder ob nicht vielmehr diese der gesellschaftlichen Praxis zugrundeliegenden Vorstellungen in die Form einer wissenschaftlichen Theorie über den Inhalt der Demokratisierung und über den gesamtgesellschaftlichen Entwicklungsprozeß gebracht werden müssen, schon damit diese Vorstellungen rational diskutierbar und aufgeklärt werden. Ideologiekritik, Sozialphilosophie, politische Theorie und politische Ökonomie sind Versuche in dieser Richtung. Ihnen geht es darum, das vorliegende empirische Erkenntnismaterial in einen wissenschaftlich strukturierten Denk- und Argumentationszusammenhang zu bringen, der zwar normative Entscheidungen, z.B. über Erziehungsziele, auch nicht *eindeutig* festlegen kann, für deren Ermittlung und Diskussion aber einen aufgeklärteren Standard anbietet, als ihn das bloße Meinen der praktisch Verantwortlichen hergäbe. Zum Standard einer demokratischen Öffentlichkeit gehört nämlich auch, daß Entscheidungen öffentlich *begründet* werden müssen, und diese Begründung muß ihrerseits wieder diskutiert werden können. In diesem ständigen Prozeß kann die Erziehungswissenschaft durchaus im Sinne der regulativen Ideen der Mündigkeit, der Partizipation und der Emanzipation sich nicht nur mit empirisch-technischen, sondern auch mit normativen Argumenten beteiligen. In diesem Sinne gehört die Erziehungswissenschaft — wie in anderer Form auch die Presse — zu den Trägern der „öffentlichen Meinung" in Sachen Erziehung und Bildung. (L.V.11)

Didaktik und Methodik

Unterricht: Reduktion von Komplexität

Im Kapitel „Lernen" war schon die Rede davon, daß wir von Kindheit an vieles einfach dadurch lernen, daß wir am sozialen Leben teilnehmen, also an den verschiedenen sozialen Orten mithandeln und dabei Erfahrungen machen. Wir lernen aber auch dadurch, daß wir z.B. in Schulen und Hochschulen *planmäßig unterrichtet* werden. Wenn man das inszeniert, treten eine Reihe von Problemen auf.

1. Man muß aus der schier unbegrenzten Fülle dessen, was man lehren und lernen könnte, eine *Auswahl* treffen. *Was* soll gelernt werden und was nicht, und warum gerade dieses und nicht etwas anderes? Warum z.B. Geschichte, aber nicht Psychologie? Und *wer* trifft diese Entscheidungen: Der Staat, der Lehrer, das Lehrerkollegium, der Lehrer gemeinsam mit den Schülern? Tatsächlich werden diese Entscheidungen in unserem Schulwesen auf verschiedenen Ebenen getroffen: Die staatlichen Richtlinien schaffen in der Regel einen Spielraum, der von den Lehrern konkret ausgefüllt wird, wobei die Schüler bis zu einem gewissen Grade daran beteiligt werden können.

2. Es gibt aber nicht nur das Problem der *äußeren Auswahl,* sondern auch das der *inneren Auswahl.* Wenn z.B. entschieden ist, daß die nationalsozialistische Machtergreifung im Unterricht behandelt werden soll, stellt sich die Frage der Auswahl erneut: darüber gibt es ja eine Menge dicker Bücher, die viele Tatsachen, Deutungen und Erklärungen enthalten, die unmöglich alle im Schulunterricht zur Sprache kommen können. Die Komplexität des Themas muß also *quantitativ* reduziert werden, indem man sich auf einen Teil des Stoffes konzentriert; sie muß aber auch *qualitativ* reduziert werden, indem die Strukturen und Gesichtspunkte vermindert werden; z.B. kann man nicht *alle* Ursachen, die in der wissenschaftlichen Literatur eine Rolle spielen, behandeln.

3. Für dieses Problem der quantitativen und qualitativen Reduktion sind ganz verschiedene Lösungen denkbar und auch in der Geschichte der Pädagogik verwirklicht worden. Alle diese Versuche kreisen im Grunde um die Frage, ob das Augenmerk mehr auf die Bedürfnisse und die lebenspraktischen Gegebenheiten der Schüler gerichtet sein soll oder mehr auf die inneren Strukturen der Sache selbst. Zu den schülerorientierten didaktischen Konzepten gehört etwa das „heimatkundliche Prinzip" „vom Nahen zum Fernen": Der Schüler soll demnach zunächst mit seiner unmittelbaren lokalen Umgebung vertraut gemacht werden, um dann sich entfernter liegenden Themen zuwenden zu können, — etwa von der politischen Struktur seiner Gemeinde hin zum Bundestag und zur UNO. Unterstellt wird dabei, daß im Nahbereich grundlegende Strukturen und

Zusammenhänge zu erkennen sind, die auch dem Verständnis des weiter Entfernten zugute kommen können.

Die eher sachorientierte didaktische Analyse, wie sie vor allem in der Oberstufe des Gymnasiums und natürlich auf der Universität zu finden ist, hat immer wieder versucht, „Typisches", „Elementares" oder „Exemplarisches" in der Sache selbst zu finden. Gibt es z.B. grundlegende Elemente beziehungsweise Funktionen einer Maschine, die für einfache wie komplizierte Arten von Maschinen gelten — vom Fahrrad bis zum Düsenjet — deren Kenntnis anwendbar ist für das Verstehen ganz unterschiedlicher Varianten von Maschinen? Oder gibt es grundlegende Modelle für das Verständnis menschlicher Beziehungen oder volkswirtschaftlicher Zusammenhänge?

4. Diese Hinweise zeigen schon, daß es ein wichtiges Ziel didaktischer Analysen sein muß, die Lernprozesse nicht in Sackgassen enden zu lassen. Die Reduktion muß also so erfolgen, daß das, was gelernt wird, nicht nur seinen Sinn und Zweck in sich selbst hat, sondern über sich hinausweist: einen Zugang eröffnet zu anderen Sachverhalten, zu neuen Aufgaben und Problemen, zu komplizierteren Zusammenhängen. Der Sinn der doppelten Reduktion des geplanten Unterrichts (seiner „Vereinfachungen") ist also, gerade dadurch die komplizierten Zusammenhänge der Wirklichkeit dem Denken und Verstehen zugänglich zu machen. Um in unserem Beispiel zu bleiben: Die vereinfachte Darstellung der Machtergreifung muß ermöglichen, daß man auf dieser Basis kompliziertere Informationen darüber (aus Büchern, aus der Presse) vernünftig verarbeiten kann, und daß man darüber hinaus ähnlichen politischen Ereignissen mit einem vernünftigen sachlichen Vorverständnis begegnen kann, um auch dieses dann durch zusätzliche Informationen wieder zu differenzieren, usw.

5. Die Notwendigkeit zur doppelten Reduktion ergibt sich jedoch nicht nur aus der Sache selbst, sondern auch aus ihrer *Lernbarkeit.* Es hätte ja keinen Sinn, etwas zu lehren ohne Rücksicht darauf, daß es auch verstanden wird. Gemeint ist hier *prinzipielle* Verstehbarkeit, also unter der Voraussetzung guten Willens der Lernenden. Die prinzipiellen Grenzen der Verstehbarkeit können im Alter und in der

Vorbildung der Lernenden, in der Abstraktionsebene der Darbietung, in der Komplexität der Sache, in der Sprache und in anderen Faktoren begründet sein.

6. Aber selbst wenn das Problem der Lernbarkeit gelöst wäre, *warum* sollen Schüler einen Unterricht verstehen, wofür wäre dies nützlich, was würden sie dabei gewinnen? Alles, was man an Schulen oder Universitäten lernen kann, muß ja *außerhalb* dieser Lernorte irgendeinen Sinn ergeben können. Gerade Schülern ist ja keineswegs immer einsichtig, warum sie etwas lernen sollen, was die Schule von ihnen verlangt. Die didaktische Reflexion muß also auf zwei zeitlichen Ebenen erfolgen: welchen Nutzen hat der Unterricht für das *gegenwärtige* und für das *zukünftige* Leben der Schüler?

Diese Frage führt noch einmal zurück zu den leitenden allgemeinen Zielvorstellungen, die wir vorhin erörtert haben: Mündigkeit, Partizipation, Emanzipation. Sie sind offensichtlich nötig, weil sonst die Frage nach der Funktion eines bestimmten Stoffes immer nur kurzatmig, von Fall zu Fall beantwortet werden könnte. Jene allgemeinen Zielvorstellungen erleichtern uns, das gegenwärtige und künftige Leben des Schülers im *ganzen* in den Blick zu nehmen und die einzelnen Unterrichtsentscheidungen darauf zu beziehen. Nun können wir z.B. bestimmte *Lebensbereiche* unterscheiden, um die lebensrelevanten Funktionen der Unterrichtsstoffe besser ordnen zu können. Wir können z.B. sagen, daß die Funktion der Unterrichtsstoffe darin besteht, den Schüler zur mündigen (bzw. emanzipatorischen) Partizipation

a) am politischen Leben,
b) am beruflichen Leben,
c) am kulturellen Leben

zu befähigen. Dies entspricht in etwa auch den wichtigsten sozialen Rollen, die wir einnehmen.

7. Angenommen, die bisher genannten Probleme seien gelöst, dann stellt sich immer noch die Frage, wie, auf welche Weise man denn nun den Unterricht gestalten soll. Planmäßiges, systematisches Lehren und Lernen wie in der Schule verläuft ja in einem *zeitlichen Prozeß,* der zugleich

ein kommunikativer Prozeß ist. Soll der Lehrer den Stoff vortragen? Sollen ihn die Schüler sich erst einmal allein oder in Gruppen erarbeiten? Sollen Filme, Schulbücher oder andere Lehrmittel verwendet werden? Soll man alle diese Möglichkeiten miteinander kombinieren? Hier stehen eine Fülle einzelner Probleme zur Debatte, die den Schulalltag maßgeblich bestimmen, und die wir hier nur andeuten können.

Es ist z.B. ein großer Unterschied, ob ein Lehrer bei der Behandlung eines Gedichtes seine eigene, vorbereitete Interpretation allein zur Geltung bringen will oder ob er seinen Schülern in einem sinnvollen Rahmen eigene, von der seinen abweichende Interpretationen gestattet – was dem Objekt durchaus angemessen wäre; denn künstlerische Objekte sind immer mehrdeutige Objekte. Oder ein anderes Beispiel: Man kann politischen Unterricht so betreiben, daß der Lehrer seinen Stoff, den er selbst gelernt und vorbereitet hat, seinen Schülern „beibringt"; der Lehrer kann aber auch in den Mittelpunkt seines Unterrichts ein *Problem* stellen, das er mit seinen Schülern zu bearbeiten versucht. In beiden Fällen bliebe das Fach und möglicherweise auch der Stoff gleich, aber die Anordnung und damit die Art und Weise des Lernens sind grundverschieden. Zu erwähnen sind ferner eine Reihe von psychologischen Mechanismen, an die man in der Regel nicht sofort denkt: Welche Lernwirkungen haben die äußeren Bedingungen der Unterrichtssituation, die Größe der Klasse, die Gruppenbeziehungen in der Klasse, die Beziehungen zwischen Lehrer und Schüler, die innenarchitektonische Ausstattung, der Verwaltungsstil usw.?

Die hier angedeuteten Probleme werden in der Pädagogik mit den Begriffen „Didaktik" und „Methodik" bezeichnet. Diese beiden Begriffe können sinnvoll nur dort angewandt werden, wo es sich um intentionales, also geplantes und organisiertes Lehren und Lernen handelt, wie z.B. in den Schulen. Allerdings werden die Begriffe Didaktik und Methodik in der Literatur keineswegs einheitlich gebraucht. Das liegt an den unterschiedlichen erziehungswissenschaftlichen Vorstellungszusammenhängen, in denen sie verwendet werden.

Didaktische Positionen

In der gegenwärtigen didaktischen Diskussion lassen sich grob gesagt zwei Richtungen unterscheiden: die eine wird von Wolfgang Klafki repräsentiert, der uns schon in der Diskussion zum Begriff der Bildung begegnet war; er hat im Rahmen seiner Theorie der Bildung auch eine Theorie der Didaktik entwickelt. Darin wird der Lehrer aufgefordert, bei jedem Unterrichtsakt nicht nur über die beste Methode nachzudenken, also darüber, wie er einen vorgegebenen Stoff am wirkungsvollsten „beibringen" soll; vielmehr soll er jedesmal auch über das „Was" und „Warum" nachdenken, und zwar am Maßstab der „Bildungswirksamkeit". Warum ist gerade dieser Stoff bildend und nicht vielleicht ein anderer? Was an diesem Stoff ist bildend? Seine Moral, sein wissenschaftlicher Gehalt, seine Einzelheiten, die Struktur der Sache oder was sonst? Ganz allgemein antwortet Klafki: Bildend sind die Stoffe bzw. diejenigen Aspekte der Stoffe, die die Kraft „wechselseitiger Erschließung" haben, die also geeignet sind, den Schüler für einen bestimmten Teil oder Aspekt der Welt aufzuschließen und gleichzeitig diese Welt für den Schüler zu erschließen — etwas einfacher ausgedrückt: die den Schüler einen wichtigen Teil seiner Welt verstehen lehren und ihm damit auch zugleich zu einem neuen Selbstverständnis verhelfen.

Es ist hier nicht möglich, im einzelnen auf Klafkis großangelegten Versuch einer bildungstheoretischen Didaktik einzugehen. Ich will vielmehr — in etwas anderer Weise als Klafki — das Kernproblem beschreiben, auf das er aufmerksam gemacht hat. Er sagt mit Recht, daß jede methodische Entscheidung eine didaktische impliziert, d.h. eine Vorstellung vom „Was" und „Warum" des Lernens im allgemeinen und des Lernens eines bestimmten Stoffes im besonderen. Methoden des Unterrichts lassen sich nicht gegenüber den Inhalten isolieren. Dafür ein Beispiel: Ich kann das Ereignis der Machtergreifung Hitlers mit ganz verschiedenen Methoden bearbeiten. Ich kann einen Vortrag darüber halten oder eine Arbeitsgemeinschaft mit verteilten Aufgaben; ich kann mit Schülern etwas darüber herstellen (Wandzeitung, Tonbildschau, Feature); ich kann als Journalist einen Film darüber drehen, einen Leitartikel schreiben oder im Fernsehen eine Diskussion mit verschiedenen Standpunkten veranstalten. Diese Methoden sind aber nicht nur verschiedene Wege zum Ziel, sondern sie verändern auch den Gegenstand in entscheidenden Aspekten. Im Falle der Fernsehdiskussion treten die offenen, noch ungeklärten Fragen in den Vordergrund, der Vortrag wird diese offenen Probleme vielleicht auch berücksichtigen, aber er wird seinen Akzent auf eine zusammenfassende Deutung legen, sonst wäre es ein schlechter Vortrag. Der Film ist weitgehend gebunden an das, was sich auch tatsächlich filmisch, d.h. in bewegten Bildern darstellen läßt usw. Jede Methode beeinflußt also nicht nur den Lern*effekt* — das wußte man immer schon, und deshalb hat die Methodik auch immer eine große Bedeutung in der Pädagogik gehabt — sondern sie beeinflußt auch den Lern*inhalt.* Man kann diese Behauptung unschwer an jedem beliebigen Schulbuch nachprüfen: die Art und Weise der Stoffdarstellung impliziert immer auch eine Vorstellung über das Was und Warum. Allgemeiner ausgedrückt: Die Methode der Darbietung ist konstitutiv für den Stoff, den Gegenstand selbst; es „gibt" keinen Stoff, keine „Sache", es sei denn, wir können mit einer bestimmten Methode anderen Menschen davon Mitteilung machen. Didaktik und Methodik stehen also in einem engen Zusammenhang.

Eine andere Position der modernen Didaktik wird von der sogenannten „Berliner Schule" (Paul Heimann, Wolfgang Schulz u.a.) vertreten. Man kann sie als eine „Theorie des Unterrichts" bezeichnen. Auch sie hat verschiedene Spielarten, wir begnügen uns hier mit dem Hinweis auf Paul Heimann, der in seinem Aufsatz „Didaktik als Theorie und Lehre" im ausdrücklichen Gegensatz zu Klafkis bildungstheoretischem Ansatz ein Faktorenmodell entwirft, das dem Lehrer als theoretisches Modell für die Gestaltung seines Unterrichts dienen soll. Dieses Modell besteht aus einer Reihe von allgemeinen Bedingungen, die das Unterrichtsgeschehen jeweils mehr oder weniger bestimmen. Es entstammt der sozialwissenschaftlichen Kommunikationsforschung, also einem vorwiegend empirischen Forschungszweig, und soll den Lehrer dazu befähigen, sich eine Gesamtvorstellung vom Phänomen „Unterricht" zu bilden und die Bedeutung der einzelnen Bedingungsfaktoren möglichst weitgehend empirisch zu ermitteln. Der Unterschied zum Konzept von Klafki besteht vor allem darin, daß Heimann die grundlegenden bildungstheoretischen Entscheidungen (das „Was" und „Warum") als vorgegeben voraussetzt und seine Theorie stärker vom Standpunkt des unterrichtenden Lehrers aus formuliert. Vom Standpunkt Klafkis aus wäre dies eher eine „Methodik" des Unterrichts.

Diese unterschiedliche Verwendung der Begriffe hat auch einen historisch-politischen Hintergrund. Das „Was" und „Warum" des Schulunterrichts wird ja erst dann zum Problem, wenn unklar wird, wer mit welcher Kompetenz darüber zu entscheiden hat. Solange z.B. das Ideal des Gebildeten einen breiten Konsens fand — bis etwa Mitte/Ende der fünfziger Jahre — wurde diese Frage im wesentlichen durch entsprechende Traditionen entschieden.

Eine weitere Voraussetzung für eine öffentliche und wissenschaftliche Erörterung dieser Frage sind Art und Ausmaß staatlicher Richtlinien- bzw. Lehrplanvorgaben. Nach dem Ersten Weltkrieg lockerten sich die staatlichen Lehrpläne, wurden zu Richtlinien, die inhaltlich einen größeren Spielraum für die Lehrer ließen. Dies war unter anderem nötig, um der weltanschaulichen Pluralität der Gesellschaft mehr Rechnung zu tragen. Die Vertreter der sogenannten „Geisteswissenschaftlichen Pädagogik" (vor allem Erich Weniger) entwickelten in dieser Situation bereits einen Begriff von Didaktik als Frage nach den „Bildungsgehalten" der Stoffe, um das Problem der Inhalte in bezug auf den Bildungsgang der Schüler zu klären. Diese Tradition hat Klafki wieder aufgegriffen. Bis etwa Ende der fünfziger Jahre war die Frage nach den Inhalten der Bildung nicht von besonderer Aktualität, weil nach 1945 die Kultusminister zwar auch nur mehr oder weniger offene Richtlinien vorgaben, nach den Erfahrungen der NS-Zeit aber die pädagogische Theorie im wesentlichen an den Stand von vor 1933 anknüpfte, was in der Bevölkerung auf breite, gleichsam stillschweigende Zustimmung stieß. Die Bildungsinhalte galten als nicht weiter problematisch, also mußte auch darüber keine im Sinne Klafkis „didaktische" Diskussion entstehen. Das änderte sich etwa Anfang der sechziger Jahre.

Einerseits wurde das Schulwesen gerade wegen seiner Bildungsinhalte mehr und mehr als rückständig erlebt; andererseits wurde entdeckt, daß das Schulwesen immer noch bestimmte soziale Schichten auf Kosten anderer privilegierte. Die gesellschaftliche Übereinstimmung hinsichtlich der Organisation des Schulwesens und der Bildungsinhalte zerbrach immer mehr, Reformdiskussionen setzten ein, die Studentenbewegung kritisierte das Schulwesen prinzipiell, zahlreiche pädagogische „Gegen-Ideen" kamen in Umlauf bzw. wurden nun öffentlich bekannt – von der antiautoritären Erziehung (Neill) bis zur Abschaffung der Schule (Illich).

In diesem Prozeß wurde die grundsätzliche Reflexion der Bildungs*inhalte* – also die didaktische Problematik im Sinne Klafkis – zu einem unabweisbaren gesellschaftlichen Bedürfnis. Diese didaktische Diskussion ist also ein Reflex auf den nicht mehr vorhandenen gesellschaftlichen Konsens und auf das Problem, wie man nun trotzdem die Bildungsinhalte der Schule mit hinreichender Übereinstimmung legitimieren könne.

Curricula

In dieser Situation gewann die vor allem aus den USA stammende Idee an Boden, die alte Trennung von Lehrplan (bzw. Richtlinien), Didaktik und Methodik überhaupt aufzulösen und den Zusammenhang der in diesen drei Begriffen enthaltenen Probleme unter dem neuen Begriff des „Curriculum" zu lösen. Unter diesem Begriff lassen sich eine ganze Reihe unterschiedlicher Konzepte zusammenfassen, auf die wir hier im einzelnen nicht eingehen können, die sich aber in folgenden Kernpunkten zusammenfassen lassen:

1. Ausgangspunkt der Überlegungen ist die Frage, welche *Qualifikationen* die Menschen in bestimmten Lebenssituationen (z.B. Beruf, Politik, Freizeit, Familie) benötigen.

2. Diese Frage kann nicht allein von den Wissenschaftlern, den Pädagogen und vom Staat entschieden werden, sondern bedarf der Zusammenarbeit *aller* Beteiligten bezie-

hungsweise aller derjenigen, die dafür eine wenn auch nur partielle Kompetenz haben, z.B. auch Vertreter der Arbeitgeber und der Gewerkschaften. Diese Qualifikationen sollen also von Gremien ermittelt werden, in denen eine solche gesellschaftliche Kompetenz versammelt ist.

3. Die so ermittelten Qualifikationen werden operationalisiert, d.h. in eine Reihe von Einzelaspekten zerlegt, so daß sie als konkrete Lernziele für den Unterricht geeignet sind.

4. Die pädagogische Basis, in der die Curricula ja realisiert werden sollen, meldet Probleme beziehungsweise Unzulänglichkeiten der entwickelten Curricula zurück, damit sie entsprechend korrigiert werden können.

5. Da die Lebensverhältnisse sich verhältnismäßig schnell wandeln und mit ihnen auch die benötigten Qualifikationen, muß die *Revision* des Curriculum, also seine Anpassung an jene Veränderungen, von vornherein mit eingeplant werden. Jene Gremien, die die Qualifikationen ermitteln, sind daher im Prinzip Dauereinrichtungen.

Mit diesem Konzept sind eine ganze Reihe von Problemen verbunden, die teils prinzipielle Ursachen haben, teils in der Kompliziertheit des Verfahrens begründet sind; darauf können wir hier nicht näher eingehen. Die Hoffnungen jedoch, die man an dieses Verfahren knüpfte, haben sich bisher nicht erfüllt, wohl aber hat dieser Ansatz für die Herstellung neuer staatlicher Richtlinien eine gewisse Rolle gespielt: Er hat diese im Unterschied zu früher zu einer gewissen Präsizierung und öffentlichen Rechtfertigung gezwungen. Das Problem jedoch, daß es sich bei der Festlegung von Erziehungszielen beziehungsweise Qualifikationen nicht um *eindeutige* Definitionen handelt, sondern um normative Alternativen, zwischen denen politisch entschieden werden muß, ist geblieben.

Charakteristisch für alle Curriculum-Verfahren ist, daß sie systematisch-konstruktiv vorgehen, also *alle* in diesem Komplex anfallenden Probleme *gleichzeitig* und *in einem Zusammenhang* lösen wollen. Das ist ein prinzipiell neues Verfahren, denn bisher ging es bei der Revision von Lehrplänen darum, historisch entstandene Inhalte zu *korrigieren* — was politisch einfacher und sachlich weniger kompliziert war.

Inzwischen ist die Euphorie, mit der man in den siebziger Jahren Curriculum-Konstruktionen zu entwerfen versucht hat, einer Ernüchterung gewichen, weil die Schwierigkeiten sich als größer herausgestellt haben, als es zunächst erwartet wurde. So sind die Möglichkeiten offenbar sehr begrenzt, schulische Lernprozesse in Analogie zu technischen Verfahren zu perfektionieren. Nicht zuletzt die lernenden Schüler setzen hier Grenzen, indem sie z.B. primär *persönliche* Qualitäten von ihren Lehrern erwarten, daß diese z.b. methodisch geschickt vorgehen und selbst für wichtig halten, was sie unterrichten. Der Unterschied von Didaktik und Methodik läßt sich von der Praxis her gesehen am besten so formulieren: Didaktik hat zum Gegenstand alle *grundsätzlichen* Überlegungen (das „Was" und „Warum"), Methodik dagegen hat es mit dem Problem der *zeitlichen Inszenierung* (mit dem „Wie") des Unterrichts zu tun. (L.V.12)

Lerninstitutionen und Lernfelder

Wenn man an Pädagogik denkt, dann fallen einem meist nur die im engeren Sinne pädagogischen Institutionen wie Familie und Schule ein. Das ist eine sehr einseitige Betrachtungsweise, insofern an der Entwicklung des Kindes und Jugendlichen − an seiner Sozialisation − sehr viel mehr Faktoren beteiligt sind. Übersieht man dies, dann droht die Gefahr, das Heranwachsen lediglich oder überwiegend aus der Perspektive einer bestimmten Institution, z.B. der Schule zu betrachten. Eine solche einseitige Sicht würde aber zu falschen pädagogischen Schlußfolgerungen führen.

Von der Geburt bis zum Tode lernen wir nämlich nicht nur in eigens dafür geschaffenen Einrichtungen wie Schule und Hochschule, sondern auch durch unser Tätigsein an vielfältigen sozialen Orten, also durch soziales Handeln. Die wichtigsten dieser sozialen Orte wollen wir uns nun anse-hen unter der Frage, welches *Verhalten* typischerweise dort erwartet wird, was wir also dort lernen können (oder auch müssen!), wenn wir uns *erfolgreich* dort bewegen wollen. An allen diesen sozialen Orten gibt es nämlich Normen, die mit einem mehr oder weniger großen Spielraum fest-setzen, was dort erfolgreiches Verhalten ist und was nicht, und wir lernen, uns daran zu orientieren. „Orientieren" kann heißen, daß wir uns diesen Erwartungen unterwerfen, aber auch, daß wir dazu in eine gewisse Distanz treten, um unsere persönliche Autonomie zu betonen, oder daß wir gegen diese Erwartungen rebellieren, uns ihnen verwei-gern, was uns dann aber leicht zu Außenseitern macht. Wie wir uns jedoch immer dazu verhalten mögen: Wir sind ge-zwungen, uns mit diesen Erwartungen auseinanderzuset-zen, und genau darin besteht die sozialisierende Wirkung dieser sozialen Orte. Wie die folgende Skizze zeigt, gehö-ren wir teils gleichzeitig solchen sozialen Orten an, teils ge-winnen sie nacheinander Bedeutung im Verlauf unserer Lebensgeschichte. Unsere „Normal-Biographie" verläuft so, daß wir in unsere Elternfamilie hinein geboren werden, vielleicht mit drei Jahren einen Kindergarten besuchen und mit sechs Jahren die Schule, spätestens dann werden aber auch die Massenmedien, andere Kinder aus der Nach-barschaft, sowie die Einflüsse des Freizeit- und Konsumsy-stems von Bedeutung. Die informelle Gruppe der Gleich-altrigen wird später durch die ebenfalls informelle Bezugs-gruppe abgelöst. Je nach Bildungsgang suchen wir uns nach Schulabschluß eine Lehre oder nehmen vor der Be-rufsausübung ein Studium auf, und irgendwann gründen wir vielleicht eine eigene Familie.

Unsere Skizze endet mit dem fünfundsechzigsten Lebens-jahr, – dem üblichen Pensionsalter. Für immer mehr Men-schen jedoch geht das Leben noch lange weiter, und es gibt inzwischen im Rahmen der Erwachsenenbildung auch für ältere Menschen („Seniorenbildung") weiterführende Lernangebote.

Jedenfalls dürfte deutlich sein, daß wir unser Leben lang uns in verschiedenen sozialen Orten bewegen, daß wir in deren Rahmen sozial, das heißt in Wechselwirkung mit anderen Menschen handeln und daß wir durch die Ergebnisse dieser Prozesse eben sozialisiert werden.

Skizze 1
Alter
Jahre

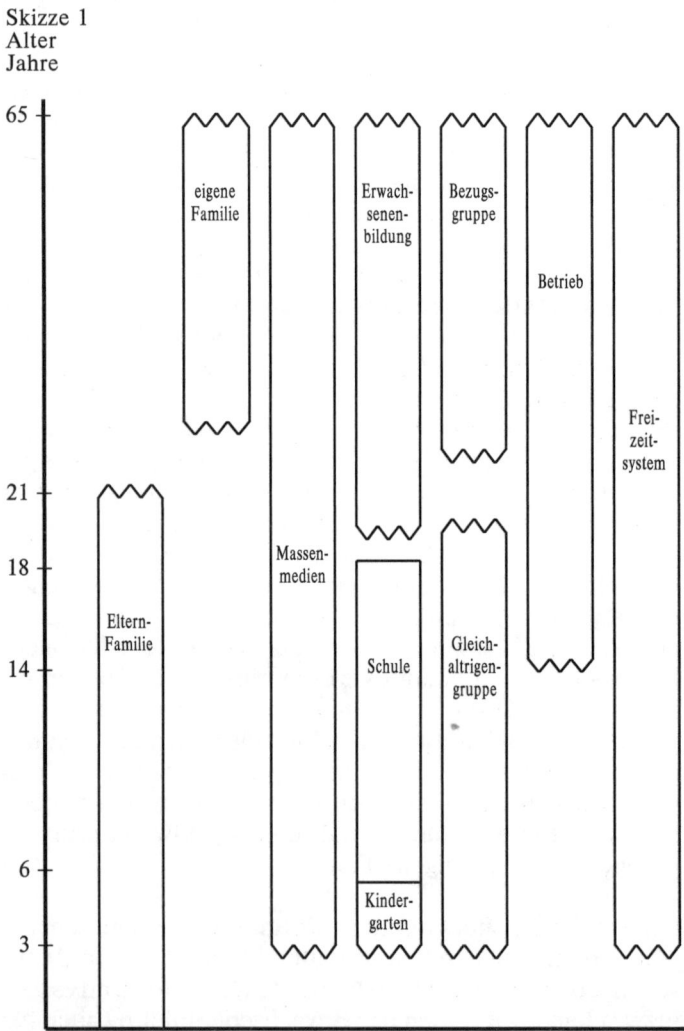

Versuchen wir nun, uns diese einzelnen sozialen Felder unter dem Gesichtspunkt der von ihnen ausgehenden Erwartungen kurz vorzustellen. Dies mag auf den ersten Blick ein wenig langweilig erscheinen, wird aber zu einem wichtigen Resultat führen, nämlich zu der Einsicht, daß die moderne Sozialisation *pluralistisch* ist, d.h. aus recht *wider-sprüchlichen* Erwartungen und Herausforderungen besteht und daß deshalb die Verantwortung für das Gelingen eines befriedigenden Heranwachsens zu einem guten Teil auf die Heranwachsenden selbst zurückfällt, nicht mehr nur bei den zuständigen Erwachsenen (Eltern, Lehrern usw.) liegen kann.

Bevor wir in diesem Sinne mit der Skizzierung der Familie beginnen, muß etwas über das methodische Vorgehen gesagt werden. Ich versuche, die einzelnen Lernfelder unter dem Gesichtspunkt ihrer Lernwirkungen „ideal-typisch" zu beschreiben. Der Begriff „Ideal-Typus" wird unter anderem in der Geschichtswissenschaft verwendet, und zwar zu dem Zweck, einerseits der geradezu unendlichen Fülle des historischen Tatsachenmaterials gerecht zu werden, andererseits aber auch in dieser Fülle nicht zu ersticken und deshalb nichts Vernünftiges über dieses Material mehr aussagen zu können. Angewendet auf unser Problem heißt dies am Beispiel Familie: Jedermann weiß, daß es „die" Familie nicht gibt, im Gegenteil ist keine Familie wie eine andere. Wenn wir es jedoch bei dieser Einsicht belassen, können wir kaum etwas Verallgemeinerndes über die Familie sagen. Um diesem Dilemma zu entgehen, können wir trotzdem versuchen, uns einen „Ideal-Typus" von Familie vorzustellen, wobei wir sowohl empirische Forschungsergebnisse berücksichtigen wie auch die allgemeine Lebenserfahrung zu Rate ziehen können. Haben wir nun einen solchen Ideal-Typus entworfen — z.B. die Familie hat zwei eigene Kinder, die Eltern sind beide berufstätig, die Familie bleibt bis zu Volljährigkeit der Kinder ohne Scheidung zusammen, die Kinder erwerben eine sie befriedigende berufliche Tätigkeit usw. — dann können wir jede *einzelne* Familie darauf hin untersuchen, inwieweit sie diesem Ideal-Typus entspricht und wie die erkennbaren Abweichungen zu erklären sind.

Wie jede wissenschaftliche Methode hat auch diese ihre Tücken, es würde aber hier zu weit führen, sie im einzelnen zu erörtern. Wichtig in unserem Zusammenhang ist nur folgendes: Der Ideal-Typus darf nicht als *Norm* verstanden werden und die Abweichungen dürfen ebenfalls nicht normativ bewertet werden. Es handelt sich lediglich um eine

Beschreibung von sozialen Phänomenen. Für deren *Bewertung* müssen zusätzliche Maßstäbe eingeführt werden.

Nun geht es im folgenden nicht um Ideal-Typen sozialer Orte (Familie, Schule usw.) sondern um idealtypische Lernmöglichkeiten in ihnen. Dabei sind wir wesentlich auf unsere Lebenserfahrungen angewiesen, empirische Forschungsergebnisse stehen uns für dieses Problem nur eingeschränkt zur Verfügung, — sei es, daß es solche Forschungen kaum gibt, sei es, daß sie für unsere Fragestellung wenig hergeben. Wenn der Leser also merkt, daß seine eigenen Erfahrungen von den ideal-typischen Skizzen abweichen, dann ist dies beabsichtigt, und er möge diese Differenz sich zu erklären versuchen.

Familie

Was eine Familie ist, muß man eigentlich niemandem erklären. In ihr leben mindestens zwei Generationen in einem gemeinsamen Haushalt zusammen — in der Regel Eltern und ihre Kinder. Für Kinder steht die Familie am Anfang ihrer Lebensgeschichte und sie ist von fundamentaler Bedeutung. Die Familie ist eigentlich keine intentionale pädagogische Institution, sondern eine Lebensgemeinschaft — also eher ein funktionales als ein intentionales Lernfeld. Die Sozialform Familie ist einmalig in der Gesellschaft, d.h. sie unterscheidet sich von allen sonst vorfindbaren Sozialformen. Allerdings stellt sie sich uns heute in einigen charakteristischen Variationen dar. Neben die „Erstfamilie" (ein junges Paar heiratet und zieht gemeinsam gezeugte Kinder auf), die immer noch die statistisch häufigste Familienform darstellt, sind mit zunehmender Tendenz die „Alleinerzieherfamilie" und die „Zweitfamilie" getreten. Seitdem es die moderne Familie gibt, hat es diese beiden letzteren Formen zwar immer schon gegeben, neu ist jedoch, daß sie weniger aus dem Tod des Partners als vielmehr in zunehmendem Maße aus Scheidungen entstehen. Vom Standpunkt der kinder aus gehören diejenigen Erwachsenen zur Familie, die rund um die Uhr mit ihnen in einem Haushalt zusammen leben — ob das erwachsene Paar nun verheiratet ist oder nicht.

114

Über die pädagogische Bedeutung der Familie zu sprechen ist deshalb so schwierig, weil im Einzelfalle Kinder sehr unterschiedliche Erfahrungen — gute wie schlechte — damit machen; sie können sich glücklich oder unglücklich fühlen, sie können dort fördernde oder hemmende Impulse bekommen. Wir müssen uns also vor falschen Idealisierungen hüten. Deshalb wollen wir zunächst idealtypische *Chancen* des Familienlebens für Kinder skizzieren, um anschließend einige *Probleme* zu nennen, die diese Chancen vermindern können.

1. Die Befriedigung der elementaren menschlichen Grundbedürfnisse nach Liebe, Geborgenheit, Anerkennung und Vertrauen ist unter unseren gesellschaftlich-kulturellen Bedingungen nur im Rahmen der Familie möglich. Alle anderen sozialen Felder dulden nur *partielle,* nach Zeit und Zweck begrenzte soziale Verbindlichkeiten.

2. Die Familie führt das Kind in die sozialen und kulturellen Normen ein; sie wird erlebt als soziales und emotionales Grundmuster für das menschliche Zusammenleben überhaupt. Die *sozialen* Erfahrungen und Lernprozesse sind offensichtlich bedeutsamer und wirkungsvoller als die bewußten Erziehungsabsichten der Eltern, die sich heute im wesentlichen auf die Schullaufbahnen der Kinder und damit auf ihren künftigen Berufsstatus konzentrieren. Stil und Ton des Umgangs der Eltern miteinander und mit den Kindern; die kulturellen Interessen; die Art und Weise des Urteilens über Menschen und Sachen; in welcher Weise die Kinder in die Pflichten des gemeinsamen Haushalts einbezogen werden; wie man in Not- und Krisenfällen miteinander umgeht — diese und viele andere Einzelheiten des Zusammenlebens machen die pädagogische Bedeutung der Familie aus.

3. Die Familie ist „offen" geworden nach außen; schon früh verbringen Kinder relativ viel Freizeit außerhalb der Familie, unter Gleichaltrigen. Zudem sind vielfach die Eltern beide berufstätig und bringen nun wie ihre Kinder Erfahrungen von draußen in die Familie ein, wodurch sie zum vertrauten und vertraulichen *Interpretationsort* für diese Erfahrungen wird bzw. werden kann.

4. In der Familie können die Kinder eine relativ stabile, kontinuierliche *Solidarität* erfahren; ob es ihnen nun gut oder schlecht geht, sie bleiben der Familie zugehörig. Nicht nur für die frühe Kindheit, sondern für die ganze menschliche Biographie ist die Zugehörigkeit zu einer Familie von grundlegender Bedeutung. Die Biographie orientiert sich sogar weitgehend an der „Geschichte" der eigenen Familie, an den immer wiederkehrenden Festen etwa oder an den gemeinsam ertragenen Leiden und Schwierigkeiten.

Wenn es also gutgeht, können die Kinder solche fundamentalen Erfahrungen machen und entsprechende Einstellungen und Verhaltensweisen lernen. Aber man muß auch die Probleme der gegenwärtigen Familie sehen, die diese Chancen einschränken oder teilweise zunichte machen können.

1. Der hohe emotionale Anspruch der Familienmitglieder aneinander, die Hoffnung, für in Beruf und Schule erlittene Enttäuschungen und Versagungen in der Familie Kompensationen zu finden, überfordert die Familienmitglieder leicht und macht das Kommunikationsgefüge labil und anfällig. Nachdem die früheren ökonomischen Zwänge zum Zusammenhalt der Familie bzw. Ehe weitgehend entfallen sind, fällt eine Scheidung leichter als früher. Was einerseits aber als eine Befreiung von zerrütteten menschlichen Beziehungen angesehen werden kann, ist andererseits auch eine ständige unausgesprochene Bedrohung für die Solidarität. Jedenfalls nimmt die Zahl derjenigen zu, die an ihrer Familie leiden. Gerade auch Kinder erkranken zunehmend an ihrer eigenen Familie, wie Familientherapeuten feststellen: sei es, daß die Kinder in eine Sündenbockrolle gedrängt werden, die die anderen Familienmitglieder entlasten kann; sei es, daß ein Kind unbewußt zum „Substitut", zum Ersatz für einen anderen Menschen (z.B. Ehegatten) wird, oder daß man von ihm Kompensaton für Enttäuschungen verlangt, die man von einem anderen erlitten hat, oder daß das Kind zum sozialen Demonstrationsobjekt wird. Es gibt auch problematische Motive dafür, Kinder zu bekommen und mit ihnen leben zu wollen. Wenn es in der Beziehung der Ehegatten unaufgeklärte und unbewußte Konflikte gibt, sind die Kinder das schwächste Glied der

Kette, also diejenigen, die sich am wenigsten wehren können.

2. So wichtig die eben genannten Erfahrungen für das Aufwachsen der Kinder sind, sie reichen nicht aus, um außerhalb der Familie bestehen zu können. Die Familie kann nämlich nur sehr begrenzt auf die gesellschaftlichen Rollen vorbereiten, weil die in ihr möglichen menschlichen Beziehungen nicht das relativ „unpersönliche", funktionale Rollenverhalten mit einschließen, wie es für die menschlichen Beziehungen in Beruf und Politik bzw. überhaupt in den gesellschaftlichen Großorganisationen benötigt wird.

3. In vielen Familien werden die Kinder emotional und sozial zu sehr fixiert auf die Eltern oder auf ein Elternteil, so daß sie große Mühe haben, auch außerhalb der Familie verläßliche Beziehungen einzugehen bzw. auszuprobieren. Überhaupt läßt sich vielfach beobachten, daß sich die Einstellung zum Kind ändert, wenn es aufhört, klein und „niedlich" zu sein und anfängt, eigene Wege einzuschlagen. Dieses zunehmende Selbständigwerden ist aber der Sinn des Aufwachsens in der Familie, die das Kind in absehbarer Zeit ja verlassen muß, um sich selbst verbindliche Nahbeziehungen schaffen zu können. Die „Kinderzentrierung" der modernen Familie, daß also die Eltern ihr Leben mehr, als zum Wohle des Kindes erforderlich ist, um dieses Kind herumorganisieren, ist nicht nur schädlich für die selbständige Entwicklung des Kindes, sondern kann auf Dauer auch die Ehe gefährden, weil die Interessen und Bedürfnisse des Ehepaares eigenständig sind und nicht durch das Kind erst legitimiert werden dürfen. Wenn die Eltern eine gute Beziehung miteinander haben, geht es meistens auch ihren Kindern gut (L.V. 13).

Gleichaltrigen-Gruppen

Bis etwa zum dritten Lebensjahr bleibt die Familie mit den ihr nahestehenden Personen der einzige Welthorizont des Kindes. Dann beginnt es draußen mit anderen Kindern zu spielen. Hier lernt es sich durchzusetzen, sich gegenüber den anderen Kindern anzupassen, die gemeinsamen Spielregeln einzuhalten bzw. produktiv an deren Entwurf mitzuarbeiten. Hier treten in der Regel auch soziale Frustrationen auf, das Kind wird von den Gleichaltrigen abgelehnt oder angenommen und muß lernen, sich Anerkennung zu verschaffen. Wer solche Kindergruppen beobachtet, bemerkt oft die Rücksichtslosigkeit, mit der der Kleinere und Schwächere vom gemeinsamen Spiel ausgeschlossen wird; andererseits ist man verblüfft, wie „pädagogisch" manche Kinder den Kleinen und Schwachen in ihr Spiel einzubeziehen vermögen. Es ist schwer abzuschätzen und natürlich auch schwer exakt zu erforschen, wie tief solche Erfahrungen gehen.

Jedenfalls bieten diese Gruppen wichtige Sozialerfahrungen, die so in der Familie – auch unter Geschwistern – nicht möglich wären. Die „Straßen-Gruppe" fordert viel stärker eine ernste Bewährung bei einem vergleichsweise geringeren Schutz durch Erwachsene. Auch im Jugendalter spielen die Gruppen der Gleichaltrigen eine bedeutende Rolle. Sie stehen nun an einer ganz bestimmten Stelle der Biographie, nämlich auf der Schwelle von Kindheit und Erwachsensein. Die Gruppe der Gleichaltrigen ist nun u.a. gekennzeichnet durch die Solidarität derjenigen, die beim Erwachsenwerden die gleichen Probleme haben. Diese Gruppen haben ein doppeltes Gesicht: Einerseits tendieren sie dazu, sich unter der Glocke der Solidarität gegen die Ansprüche der Erwachsenenwelt abzuschirmen; sie dienen gewissermaßen dem Schutz von Ansprüchen, die noch nicht erfüllt werden können. Andererseits wird Erwachsensein in diesen Gruppen gleichsam experimentell gelebt. Der Blick ist nach vorne gerichtet auf das, was das künftige Leben schließlich fordert. Diese jugendlichen Gleichaltrigen-Gruppen haben ganz verschiedene Formen; sowohl die mehr oder weniger lockere Freundesgruppe, die sich an der Straßenecke, in einem Lokal oder am Kino trifft, gehört dazu, wie auch die jugendliche Bande oder die Gruppe in der Jugendpflege. Wir müssen damit rechnen, daß solche Gruppen einen ganz erheblichen Einfluß auf die Meinungs- und Urteilsbildung der Jugendlichen haben, zumindest in Fragen, die von unmittelbar aktuellem Interesse sind, wie sexuelle Fragen und Fragen des Konsumgeschmacks. Bei der pädagogischen Bewertung der jugendlichen Gleichaltrigen-Gruppen dürfen wir jedoch nicht nur die besondere Gruppe im Auge haben, der ein Jugendlicher sich zugehörig fühlt. Solche Gruppen sind nämlich oft einbezogen in sogenannte Szenen mit eigenen teilkulturellen Milieus und Verhaltensweisen. Die Discothek ist oft Mittelpunkt einer solchen Szene, aber es gibt auch sozialabweichende Szenen wie die Drogenszene. Die Zugehörigkeit dazu kann eine derartige soziale Ausschließlichkeit annehmen, daß daran z.B. Entzugsversuche oft scheitern: Irgendwann im Laufe der Drogenkarriere kennt man nur noch Menschen aus dieser Szene, und zu ihr kann man nur gehören, wenn man sich an ihrer wichtigsten Aktivität beteiligt, dem Drogenkonsum. Das Gleichaltrigenmilieu kann also durchaus eine gefährliche soziale Bedeutung bekommen, als Verführer wirken (L.V. 14).

Kindergarten

Für die Zeit von der Geburt bis zum Schuleintritt gibt es inzwischen eine ganze Reihe von pädagogischen Einrichtungen, die unter dem Begriff „Vorschulerziehung" zusammengefaßt werden. In *Liegekrippen* können Säuglinge ab sechs Wochen bis zum vollendeten 1. Lebensjahr während des Tages aufgenommen werden; für 2-3jährige stehen *Laufkrippen* oder *Krabbelstuben* zur Verfügung; im *Kindergarten* werden Kinder vom 3. Lebensjahr bis zum Schuleintritt aufgenommen. *Kindertagesstätten* beziehungsweise *Kindertagesheime* verfügen meist über Krippe, Kindergarten und Hort und können Kinder ganztags aufnehmen.

Diese Einrichtungen werden sozialpolitisch um so bedeutsamer, je mehr Mütter berufstätig werden. Das gilt insbesondere für die steigende Zahl der Alleinerzieher-Familien, die ganz überwiegend noch Mütterfamilien sind, obwohl auch die Vaterfamilien zunehmen, deren Elternteil meist auf Erwerbstätigkeit angewiesen ist mit der Folge, die Kinder während der Arbeitszeit unterbringen zu müssen. Der Entwurf zu einer Neufassung des Jugendhilfegesetzes sieht folgerichtig einen Rechtsanspruch für 3-6jährige auf einen Kindergartenplatz vor. Der Bedarf an solchen Plätzen ist immer noch höher als das Angebot, aber berufstätige Eltern und vor allem auch wieder die Alleinerziehenden brauchen während ihrer Arbeitszeit auch eine Betreuung ihrer schulpflichtigen Kinder zumindest während der Grundschulzeit, was entweder eine Ganztagsschule oder eine im Anschluß an die tägliche Schulzeit angebotene sozialpädagogische Betreuung ermöglichen könnte. Erschwert wird die Einrichtung solcher Maßnahmen immer noch durch die vorherrschende Meinung, Mütter sollten zugunsten der Betreuung ihrer Kinder auf Berufstätigkeit verzichten, was allerdings in vielen Fällen schon aus finanziellen Gründen gar nicht möglich ist.

Welche Bedeutung hat nun der Lernort Kindergarten für die Entwicklung des Kindes? Dazu nur einige grundlegende Hinweise:

Das Kind trifft auf Erwachsene, die nicht seiner Familie angehören, aber gleichwohl wie die Eltern gebieten und verbieten, aber auch Schutz und Hilfe anbieten. Ferner trifft es auf andere Kinder, die nicht seine Geschwister, aber auch nicht alle seine Freunde sind, mit denen es aber trotzdem eine Beziehung eingehen, jedenfalls sich ihnen gegenüber nach bestimmten Regeln verhalten muß. Diese in seinem bisherigen Leben neue *soziale* Lernherausforderung wird oft unterschätzt, und sie kann zur Schwerarbeit werden, wenn die Pädagogen keine Hilfe und Entlastung gewähren. Fraglos ist die Gruppengröße hier von erheblicher Bedeutung, aber sie ist eben auch eine Kostenfrage: Je kleiner die Gruppen, um so mehr Pädagogen werden gebraucht.

Neben dem *sozialen* ist der *bildende* Aspekt zu nennen: Durch Spiele, die seine Konzentration, seine Aufmerksamkeit, seine Phantasie und seine kognitiven und körperlichen Fähigkeiten herausfordern, kann das Kind sich seinem Entwicklungsstand gemäß weiter entfalten. Die meisten Familien können solche Angebote heute schon aus zeitlichen Gründen nicht mehr machen. Insofern hat der Kindergarten eine *kompensatorische* Funktion: er *ergänzt* die Lernmöglichkeiten in der Familie.

Im Zuge der Bildungsreform der 60er und 70er Jahre entstanden Konzepte, die Bildungsfähigkeit des Kindergartenkindes in vorschulischen Formen, gezielt und planmäßig, zu entwickeln und zu fördern, sie z.B. schon das Lesen zu lehren; sonst würden die tatsächlichen Bildungsmöglichkeiten insbesondere der Fünfjährigen ungenutzt bleiben. Inzwischen hat sich aber ein anderes Problem in den Vordergrund geschoben, das bis in die Grundschulzeit hineinreicht, nämlich eine wachsende Zahl motorisch, emotional oder sozial gestörter Kinder, die Schwierigkeiten haben, sich mit anderen produktiv zu verständigen. Offensichtlich muß der Kindergarten die sozialen und die bildenden Aufgaben je nach der individuellen wie generationstypischen Verfassung der Kinder ausbalancieren (L.V. 15).

Die knappen Hinweise auf die Einflüsse von Familie, Gleichaltrigengruppe und Kindergarten zeigen uns, daß das Kind zwischen drei und sechs Jahren normalerweise bereits in drei verschiedenen Lernfeldern aufwächst, die keineswegs unbedingt alle in der gleichen Richtung wirken, oft sogar erheblich widersprüchlich sein können. Obwohl also für das Kind die Familie der wesentliche Lebensraum bleibt, in dem es seine Erfahrungen und Erlebnisse interpretiert und dem es das meiste Vertrauen entgegenbringt, werden schon in diesem frühen Alter die Einflüsse der Eltern durch andere relativiert. Bereits im Vorschulalter beginnt der Prozeß, in dem das Erziehungsmonopol der Eltern gebrochen wird. Das zeigt sich besonders darin, daß die Eltern zunehmend ihre eigenen Vorstellungen und Einstellungen vor dem Kind rechtfertigen und erklären müssen, das von draußen eigene Erfahrungen mitbringt. Aufgabe der Eltern ist es, solche Erfahrungen so gut es geht — also auch möglichst ohne Vorurteile gegen andere Menschen — zu erklären. Andererseits ist in diesem Alter normmativer Relativismus fehl am Platz, weil er das Vertrauen des Kindes in die soziale Zuverlässigkeit der eigenen Familie erschüttern könnte.

Schule

Was im Kindergarten schon vorbereitet wurde, wird beim Schuleintritt des Kindes vollends offenbar: *Der Eintritt des Kindes in das öffentliche Leben.* Die Schule mit ihren eigenen Gesetzen bedeutet einen erheblichen Einbruch in die kindliche Entwicklung. Der niederländische Pädagoge Martinus Langeveld hat das in seinem Buch „Die Schule als Weg des Kindes" eindringlich beschrieben. Eine zeitge-bundene, selbständige Ordnung bricht in das bis dahin zeit-lose Leben des Kindes ein. Der Unterschied von Arbeit und Freizeit wird zum ersten Mal erlebt. Es herrscht das Gesetz der Schulstunde. „Sie beginnt nicht nur ‚auf Zeit', sie endet auch ‚auf Zeit'. Die Uhr der Erwachsenen sagt: ‚Es ist 5 nach 9'. Das Kind schaut die Uhr vorwurfsvoll an: sie ist ja nicht mehr die Gleichgültige, sie zeigt ja an, daß das Leben falsch geht. Sie sagt: ‚Du kommst zu spät'. Das Gegenwartserlebnis wird auf einmal dünn und dürftig, man weiß sich nicht zu helfen. Man ist in der vierten Di-mension des Zu-Spät-Seins. Droht nun Strafe? Es dauert, es dauert, bis der Herr Oberzeitgott sagt: Na, geh nur in die Klasse. *Ein*mal können wir es noch versuchen" (Martinus J. Langeveld: Die Schule als Weg des Kindes, 1960, S. 48).

Möglicherweise ist dieses Beispiel heute weitgehend über-holt, weil die Lehrer sich nicht mehr als „Oberzeitgott" ver-stehen. Aber das muß der Schulanfänger erst noch heraus-finden, zunächst ist die Schule für ihn eine fremde neue Welt.

Um die Sozialisationswirkung der Schule zu erörtern ge-nügt es nicht, nur den Blick auf den Schüleralltag zu rich-ten, also auf das, was die Schüler dort täglich erleben und erfahren. Dies können wir vielmehr nur verstehen, wenn wir zunächst nach der gesellschaftlichen Funktion der Schule überhaupt fragen. Noch in den ersten Jahrzehnten unseres Jahrhunderts war die Schule eine „Klassen-Schu-le": sie reproduzierte im wesentlichen die soziale Schich-tung so wie sie war: die oberen Schichten schickten ihre Kinder aufs Gymnasium und anschließend auf die Univer-sität, die mittleren Schichten auf die Mittel- bzw. Realschu-le und die unteren Schichten mußten sich mit der Volks-schule begnügen, nach deren Abschluß sie als Arbeiter le-benslang die unteren beruflichen Funktionen ausübten. Im Zuge der zunehmenden Demokratisierung der Gesell-schaft und damit auch der Schule wurden nun die Über-gänge zwischen den sozialen Schichten fließender, und die Schule geriet nun immer stärker in die umgekehrte Funk-tion: Sie *reproduzierte* nicht einfach mehr die sozialen Klas-sen, sondern sie *produzierte* sie in hohem Maße selbst. Je länger jemand zur Schule geht, um so höher ist auch der gesellschaftliche Status, in den er eintritt. Die Schule wird zu einer „Zuteilungsstelle für soziale Chancen" (Schelsky). Das letzte Zeugnis (Volksschulabschluß, Abitur, Hochschulexamen) entscheidet darüber, welcher sozialen Schicht man angehört oder doch jedenfalls angehören könnte.

Angesichts dieser Entwicklung werden dem Schulwesen heute vor allem drei gesellschaftliche Funktionen zugeschrieben:
Qualifikation, Selektion, Integration.

Die Schule muß danach für die beruflichen Tätigkeiten *qualifizieren* — sei es mittelbar durch eine allgemeine Grundbildung, sei es unmittelbar durch eine spezielle Berufsausbildung. Dabei muß sie die Qualifikationen in einer solchen *quantitativen Verteilung* anbieten, daß sich wenigstens ungefähr die tatsächliche Nachfrage nach „höheren" (z.B. akademischen) und „niederen" (z.B. Arbeiter-) Berufen auf diese Weise decken läßt. Sie muß also die Schüler auch *selektieren,* nämlich auf diese Berufshierarchie hin verteilen. Schließlich muß sie die Schüler *integrieren,* d.h. zur Anerkennung und Übernahme der in der Gesellschaft herrschenden Werte und Überzeugungen und der demokratischen Insitutionen bewegen.

Diese drei Funktionen bezeichnen sicher wichtige Aspekte einer Theorie der Schule, aber sie reichen vermutlich nicht aus. Zunächst ist zu bedenken, daß hier etwas, was Aufgabe der *gesamten Sozialisation* ist, lediglich auf die *schulische* Sozialisation reduziert wird. Geht man nämlich davon aus, daß mit jenen drei Begriffen der Qualifikation, Selektion und Integration — wenn vielleicht auch grob vereinfacht — das Gesamtergebnis der Sozialisation zu kennzeichnen ist, dann bleibt die Frage, welche spezielle Funktion in diesem Kontext die Schule hat. Vieles spricht z.B. dafür, daß die integrierende, also auch die ideologische Funktion der Schule immer bedeutungsloser wird, daß diese sehr viel stärker von der Familie bzw. von den Massenmedien erfüllt wird.

Ferner sind andere Funktionen und Merkmale der Schule in diesen drei Begriffen nur schwer unterzubringen: Schule ist auch so etwas wie eine Kinderverwahranstalt, weil man ohne die Schule nicht wüßte, wo man die Kinder lassen sollte — so daß Überlegungen zur Abschaffung der Schule (Illich) schon an dieser Funktion der Schule scheitern würden. Ferner gerät nicht in den Blick, daß die Berufsinteressen der Lehrer die Schule und ihre Funktion ganz erheblich mitbestimmen; denn die Lehrer sind ja keineswegs nur ausführende Organe, ihre berufspolitischen Vorstellungen und Interessen konstituieren vielmehr die Schule und ihre Gestalt wesentlich mit.

Betrachtet man die Schule nicht aus der Perspektive ihrer gesellschaftlichen Funktion, sondern aus der Perspektive der Sozialisation des Heranwachsenden, dann werden andere Gesichtspunkte bedeutsam, nämlich charakteristische Lernleistungen und Erfahrungen, die sich von denen in der Familie, der Gleichaltrigengruppe und des Kindergartens erheblich unterscheiden.

1. Die Schule vermittelt sachbezogenes Verhalten im Unterschied zum bisherigen personenbezogenen Verhalten. Der Lehrer ist kein Vater oder Onkel, sondern eher so etwas wie ein Funktionär. Im Umgang mit ihm muß das Kind die wichtige Erfahrung machen, daß man in den gesellschaftlichen Beziehungen nicht alles von allen erwarten kann — von einem Lehrer z.B. nicht die volle persönliche Zuwendung wie von den Eltern. Die menschlichen Beziehungen werden als aufgeteilt erlebt. Von bestimmten Menschen in bestimmten Funktionen kann man nur Begrenztes erwarten; man muß lernen, sich mit seinen jeweiligen Bedürfnissen, Zielen und Schwierigkeiten an die *richtigen* (=zuständigen) *Leute* zu wenden. Wichtig ist dies vor allem für den Einsatz der Gefühle.

Solche Lernprozesse sind wichtig für den Umgang mit gesellschaftlichen Organisationen. Diese regeln in der modernen Massengesellschaft die Zuständigkeit für unsere Bedürfnisse und Wünsche, wie sich dies etwa in der Aufteilung der Behörden ausdrückt. Wenn man nicht lernen würde, menschliche Beziehungen nach Funktionen zu unterscheiden, wäre man auch nicht in der Lage, solche unterschiedlichen Ämter und Dienstleistungen für seine eigenen Interessen und Probleme zweckmäßig zu benutzen.

2. Die Schule vermittelt Arbeits- und Leistungsverhalten im Unterschied zum spielerischen Verhalten. Die Schule läuft ab wie ein Betrieb, mit regelmäßigem Arbeitsbeginn und Arbeitsende; in der schulischen Arbeitszeit sind bestimmte Aufgaben zu bewältigen, man wird zur Pünktlichkeit, Sorgfalt und Genauigkeit angehalten — alles Tugenden, die auch später im Beruf nötig sind. Man muß arbeiten, wenn die Zeit da ist, auch wenn man keine Lust hat: Schule ist kein Spiel.

3. Die Schule vermittelt arbeitsbezogene und deshalb persönlich konkurrierende Sozialbeziehungen im Unterschied zu den bisherigen außerschulischen Beziehungen. Die Fähigkeit, zwischen individuellem Wettbewerb einerseits und Kooperation andererseits auszubalancieren, ist für spätere berufliche und politische Kommunikationen von großer Bedeutung.

4. Die Schule erweitert durch systematischen Unterricht das bisher lediglich naturwüchsige, an die zufällige Kommunikation mit bestimmten Personen gebundene Weltbild und vermittelt die Erfahrung, daß durch systematische geistige Arbeit und durch Denken neue Wirklichkeiten über die unmittelbare Erfahrung hinaus verfügbar werden. Das betrifft sowohl fremde, der unmittelbaren Anschauung entzogene Gegenstände (fremde Länder, fremde Sprachen usw.) wie auch das Transzendieren, Neuverstehen- und -erklärenkönnen unmittelbar gegebener Phänomene. Dies ist die eigentliche Chance der Schule — und auch ein guter Teil ihrer Faszination für Kinder — die durch keine andere Art von pädagogisch geplanter Institution zu realisieren ist.

5. Die schulische Funktion der beruflichen Qualifikation und wohl auch der ideologischen Integration kann der Schüler nur schwer zu seiner Erfahrung werden lassen. Dies setzte voraus, daß er durch Denken und systematische Einsichten über den Zusammenhang von Schule und Gesellschaft dazu in der Lage wäre. Sehr unmittelbar dagegen wird die selektive Funktion der Schule erlebt: durch Zeugnisse, Versetzungen, Entscheidungen über die Wahl von Bildungsgängen usw.

Man kann also die Schule aus zwei entgegengesetzten Perspektiven betrachten: aus der ihrer gesellschaftlichen Funktion und aus der ihrer Bedeutung für die Lernprozesse des Heranwachsenden; dieser letztere Gesichtspunkt ist der eigentlich pädagogische, der andere muß jedoch als vorgegebene Rahmenbedingung mitgesehen werden.

Obwohl die Schule nun eine bedeutende Rolle im Leben des Kindes spielt, bleiben andere Lernwirkungen weiter bestehen. Die Gleichaltrigen werden jetzt als Freizeitgruppen im Unterschied zur Arbeit in der Schule erlebt. In der Schule selbst bilden die Gleichaltrigen einerseits eine gewisse Gegen-Kultur gegen die offizielle schulische — was sich etwa im eigentümlichen Jugendjargon ausdrückt — andererseits wirken sie meinungs- und urteilsbildend z.B. über alle wichtigen Probleme der schulischen und außerschulischen Existenz der Schüler, über Verhalten, Moden, Familienprobleme usw. Die Selbstbehauptung in diesem sozialen Rahmen kann erhebliche Energie kosten, die soziale Anerkennung innerhalb dieser Gleichaltrigenkultur als nicht weniger bedeutsam erscheinen als die Anerkennung durch Lehrer.

Die Familie bleibt für das Schulkind zwar immer noch von fundamentaler Bedeutung. Ihre Rolle ändert sich jedoch allmählich. Das In-die-Schule-Gehen und das Schulaufgaben-Machen markieren auch ein gewisses Maß an Emanzipation von der Familie. Schule wird auch als etwas erlebt, was dem Kind nun allein gehört, vor allem dann, wenn es seine Schulaufgaben allein machen kann, ohne die Hilfe der Eltern, fördert dies sein Selbstbewußtsein. Abgesehen von den ersten Schuljahren ist es also gar nicht gut, wenn das Kind bei den Schulaufgaben auf die Hilfe der Eltern angewiesen ist. Dasselbe gilt für den Nachhilfeunterricht: Ein Kind, das ohne Nachhilfeunterricht nicht mitkommt, verliert leicht an Selbstbewußtsein. Das Schulkind sollte seine eigenen, außerhalb der Familie erworbenen Erfahrungen und Erlebnisse eigenständig mit in das allgemeine Familiengespräch einbringen können. Die pädagogische Chance der Eltern besteht nun darin, durch die Deutung dieser Erfahrungen zwischen den subjektiven Bedürfnissen des Kindes und den objektiven Ansprüchen der Schule zu vermitteln, also z.B. nicht einseitig mit dem Kind gegen die Lehrer oder umgekehrt mit dem Lehrer gegen das Kind zu paktieren (L.V. 16).

Massenmedien

Schon vor dem Eintritt in die Schule beginnt eine andere Institution ihren Einfluß auszuüben, die man auch als „geheime Miterzieher" bezeichnet: die Massenmedien. Sobald das Kind lesen kann, liest es so ziemlich alles, auf das es trifft, zum Beispiel Werbetexte oder auch schon Illustrierte. Vom 6. Lebensjahr an darf es in die für diese Altersstufe freigegebenen Filme gehen und das Fernsehen gehört meist sowieso zum Familienalltag. Im Unterschied zu den bisher beschriebenen Lernfeldern, die sich als eigentümliche soziale Orte charakterisieren lassen, sind die Massenmedien von anderer Qualität. Sie sind jenseits dieser sozialen Orte etabliert, wirken aber in diese hinein: in erster Linie in die Familie, aber auch in die Gleichaltrigengruppe und sogar — wenn auch meist in pädagogisch kanalisierter Form — in die Schule (Schulfunk; Schulfernsehen).

Die Massenmedien werden ausgesprochen selektiv benutzt, und zwar so, daß über ihre Sendungen mit persönlich Nahestehenden (Familie, Freunde, Arbeitskollegen) kommuniziert werden kann. Insofern unterscheidet sich der Umgang mit diesen Medien nicht wesentlich vom Umgang des früheren Bildungsbürgertums mit dem Buch: auch dort wurde im allgemeinen nur gelesen und für gut befunden, was sich in die Beziehung mit anderen „Gleichgesinnten" einbringen ließ.

Information und Unterhaltung sind die beiden Hauptaufgaben der Massenmedien, wobei die Tendenz überwiegt, auch die Information nach Möglichkeit unterhaltend zu gestalten. Die Information ist in der Regel aktuell orientiert, d.h. sie knüpft an aktuelle politische, kulturelle und allgemein lebenskundliche Probleme an, über die in irgendeiner Weise entschieden werden muß. Ohne die politische Information, vor allem des Fernsehens und des Rundfunks, ist eine politische Partizipation der Bürger kaum noch denkbar. Aber auch Beziehungs- und Erziehungsfragen nehmen einen großen Raum ein. Für die Pädagogik von besonderer Bedeutung ist die Tatsache, daß die Massenmedien und hier insbesondere das Fernsehen das Informationsmonopol von Familie und Schule gegenüber den Heranwachsenden durchbrochen haben. Sie haben dafür gesorgt, daß die Grenzen zwischen Kindheit und Erwachsenenwelt eingeebnet wurden. Der Pädagoge Paul Heimann hat das schon vor 30 Jahren — 1958 — vorausgesagt, indem er die modernen Sendestationen als „zweites Bildungsmodell" bezeichnete:

„Wir werden gut daran tun, uns an den Gedanken zu gewöhnen, daß wir es im gesamten Bildungsraum von nun an mit zwei konkurrierenden Bildungsmodellen zu tun haben, die nicht nur unterschiedlichen Bildungsideen folgen, sondern die sich auch in Gehäusen sehr verschiedener gesellschaftlicher Struktur installiert haben. Auf der einen Seite steht das öffentliche Schulwesen vom Kindergarten bis zur Universität, auf der anderen die großen Sendestationen mit mehr oder weniger Öffentlichkeitscharakter.".

Wenn wir nun dieses zweite Bildungsmodell mit dem ersten — also der Schule — vergleichen, so lassen sich vielleicht folgende allgemeine Sozialisationswirkungen der Massenmedien feststellen:

1. Die Teilnahme ist im Prinzip ohne geistige Anstrengung, also ohne Arbeit möglich; anspruchsvollen, Erarbeitung beziehungsweise geistige Mitarbeit voraussetzenden Angeboten kann man jederzeit zugunsten anderer ausweichen, ohne sich dafür rechtfertigen zu müssen.

2. Das Angebot ist wählbar nach der jeweils aktuellen Befindlichkeit beziehungsweise je nach den aktuellen Interessen und Bedürfnissen; die Auswahl bedarf keiner anderen Rechtfertigung — vor sich selbst wie vor anderen — als eben dieser. Deshalb eignet sich das Angebot der Massenmedien für Kompensationen — Entspannung von der Arbeitsbelastung, Entlastung vom Druck sozialer Auseinandersetzungen, Verdrängung der tristen Realität durch phantasierende Identifikationen.

3. Aus der Teilnahme der Massenkommunikation erwachsen nicht notwendig weitere Folgen, sei es für das persönliche Verhalten, sei es für irgendwelche Leistungsansprüche, wie sie etwa die Schule präsentiert, wenn sie z.B. eine viel-

128

leicht interessante Lektüre, aber verbunden mit einer Aufgabenstellung anbietet.

4. Wird über die Produkte der Massenkommunikation — z.B. über eine Fernsehsendung — unmittelbar kommuniziert (z.B. in der Familie oder unter Freunden), dann geschieht dies in der Regel ebenfalls ohne Leistungsdruck, eher in Richtung auf unverbindliche Geselligkeit.

5. Ist ein Interesse an Informationen und Belehrungen vorhanden, so kann — je nach Thema und methodischem Geschick der Produzenten — z.B. im Fernsehen durch die vorhandenen technischen Möglichkeiten der Darstellung die erforderliche Schwelle der Anstrengung erheblich herabgesetzt werden. Mit anderen Worten: Das Fernsehen kann vieles „leichter" präsentieren als die Schule, aber es präsentiert die Sachverhalte eben auch anders. Darin sehen Kritiker eine Gefahr dieser Medien, insofern der Unterhaltungs- und Show-Charakter der Präsentation den wirklich ernsten Themen ihre Seriösität nehmen, also den Menschen suggerieren könnten, daß alle Themen entweder gleich wichtig seien oder daß ihre Bedeutsamkeit nach der Gefälligkeit ihrer Darbietung zu beurteilen sei. Die Schule muß heute mit Schülern rechnen, die mehr oder weniger exzessiv sich der Medien bedienen. Einerseits kann sie diese didaktisch benutzen, andererseits aber ist ihre Aufgabe nicht, sich ihrer Darstellungsform anzupassen und deren „Teilnahmebedingungen" sich zu eigen zu machen, sondern durch ihren Unterricht „Schneisen des Verstehens" in die Fülle der zusammenhanglosen Informationen zu schlagen: Schule ist kein Fernsehen, und wenn sie es trotzdem zu sein versucht, büßt sie nur ihre eigentümlichen pädagogischen Chancen ein.

Viele Pädagogen sehen die Wirkungen der Massenmedien eher mit Skepsis oder halten sie gar für Feinde ihrer eigenen Tätigkeit. Jedenfalls gibt es kaum Versuche, im Schulunterricht kritisch-verständige Teilnahme an der Massenkommunikation zu lehren, etwa die einzelnen Sendeformen hinsichtlich ihrer dramaturgischen und didaktischen Struktur zu untersuchen und ihr Verständnis von daher systematisch lehrbar zu machen; dabei kann es ja kaum Zweifel daran geben, daß die meisten Menschen ganz überwiegend ihre politischen, wirtschaftlichen und kulturellen Informationen und Verständnismuster aus den Massenmedien beziehen. Ähnliches gilt wohl auch für die Verhaltensmuster; nachdem Überlieferungen ihre prägende Kraft verloren haben, bieten die Massenmedien ersatzweise Orientierungsmuster — vermutlich nicht zuletzt auch in den Unterhaltungssendungen (L.V. 17).

Freizeit- und Konsumsystem

Arbeit und Freizeit sind heute einander entgegengesetzte gesellschaftliche Teilsysteme. Ist das Arbeitsverhältnis durch maximalen Profit und maximale Effizienz charakterisiert, denen sich menschliche Verhaltensweisen und Erwartungen unterzuordnen haben, so bietet das System von Freizeit und Konsum dafür Kompensationen an, indem es denjenigen Plänen und Erwartungen Raum gibt, die im Arbeitsbereich nicht verwirklicht werden können. Obwohl das Verhältnis von Arbeit und Freizeit und das Bewußtsein davon in den einzelnen Berufen unterschiedlich ist — bei selbständigen und schöpferischen Berufen sind die Grenzen zwischen beiden Bereichen kaum zu ziehen — hat sich doch vor allem bei den unselbständig, im Rahmen fester Arbeitszeiten Arbeitenden zunehmend die Tendenz durchgesetzt, den Freizeitbereich als den eigentlichen Lebensbereich zu betrachten, für dessen optimale Nutzung die Berufsarbeit nur die materiellen Mittel bereitstellen soll.

Schon aus diesem Grunde gehören Freizeit und Konsum eng zusammen. Freizeit ist nur insofern von Wert, als man über genügend Mittel verfügt, an den materiellen und Dienstleistungsangeboten teilzunehmen. Deshalb sind Freizeit und Konsum seit Jahrzehnten ein beliebtes Thema des kulturkritischen Pessimismus — und zwar interessanterweise des „rechten" wie des „linken". Die einen befürchten einen Verlust an Gesinnungen und Tugenden für den soldatischen und wirtschaftlichen Einsatz und ein Überhandnehmen materiell-egoistischer Einstellungen und Erwartungen. Und in der Tat scheinen die Ansprüche auf höhere Qualitäten des Lebens gewachsen zu sein — allerdings setzt sich auch immer mehr die Erkenntnis durch, daß die Produktion von Konsumgütern als Umweltschädigung auf die Lebensqualität zurückschlägt.

Die „linke" Kritik andererseits weist darauf hin, daß das kapitalistische Konsumsystem die Menschen von ihren wirklichen Bedürfnissen fernhalte, sie zufrieden mache, wo sie unzufrieden sein müßten und ihr kritisches Bewußtsein korrumpiere. Zudem werde die Illusion genährt, alle menschlichen Bedürfnisse ließen sich durch Waren befriedigen, wodurch sie aber nur zu einem „Ding", zu einer Ware „verdinglicht" würden.

Diese prinzipielle Diskussion sei hier nur erwähnt, wir müssen sie in diesem Rahmen auf sich beruhen lassen. Unbestreitbare Tatsache auch für diese prinzipiellen Positionen ist jedoch, daß das Freizeit-und Konsumsystem einschließlich der Konsumgüterwerbung zu den wichtigsten funktionalen Lernfaktoren gehört. Über ihre Wirkungen insbesondere auf Kinder und Jugendliche lassen sich vielleicht folgende allgemeine Aussagen machen:

1. Für die Erfahrungen im Freizeit- und Konsumbereich ist charakteristisch der Widerspruch zwischen dem Umfang der Bedürfnisse und Wünsche einerseits und dem Zwang zur Auswahl und zum Verzicht aus materiellen oder zeitlichen Gründen andererseits. Daraus ergibt sich eine Art „Überhang" von Bedürfnissen, der möglicherweise als Anspruch und Erwartung auf andere Lernfelder einwirkt.

2. Charakteristisch ist ferner die Erfahrung der materiellen und sozialen Ungleichheiten, die Kinder und Jugendliche in der Freizeit im allgemeinen deutlicher erleben als in der Schule.

3. Charakteristisch ist die Erfahrung vom relativ großen Autonomie-Spielraum in der Verwendung der Freizeit und in der Entscheidung über Konsumausgaben. Dies kann zu einer Distanz gegenüber anderen Ansprüchen führen, z.B. in der Schule und am Arbeitsplatz, die weniger Autonomie zulassen.

4. Charakteristisch ist die Erfahrung, daß nicht alle Bedürfnisse und Wünsche durch Konsumangebote befriedigt werden können, sondern daß gerade besonders wichtige,

z.B. nach Zuwendung und Anerkennung, nur durch soziale Tätigkeiten zu befriedigen sind.

5. Charakteristisch ist ein hohes Maß an Wahlfreiheit sowohl im Hinblick auf Sachen wie auf Menschen, also auf menschliche Beziehungen. Diese Wahlfreiheit führt angesichts der knappen Ressourcen an Geld und Zeit einerseits zu Entscheidungsdruck, andererseits aber auch zu einer latenten Unzufriedenheit, weil das jeweils Nicht-Gewählte möglicherweise das Bessere gewesen wäre.

6. Charakteristisch ist schließlich die zunehmende Erfahrung, daß die durch die Konsumgesellschaft provozierten Umweltschäden einerseits Bedürfnisse beschränken müssen, andererseits aber auch zum Umdenken über die Priorität von Bedürfnissen zwingen.

Auch das Schulkind kennt den Unterschied von Arbeit und Freizeit spätestens seit dem Schuleintritt. Schule und Schularbeiten sind Arbeit, die davon freie Zeit ist Freizeit. Die Schule kann dieser Einschätzung gar nicht ausweichen. Pädagogisch bedeutsam ist der Freizeit- und Konsumbereich jedoch nicht nur hinsichtlich seiner funktionalen Lernwirkungen, sondern auch als *Thema* organisierten Lernens. Wenn es zutrifft, daß dieser Bereich in Zukunft für die persönliche Lebensführung, für kulturelle Teilhabe und gesellige Kommunikation und nicht zuletzt für die politische Aktivität von wachsender Bedeutung sein wird, dann ist es eigentlich verwunderlich, daß er im Lernplan der Schule immer noch eine untergeordnete Rolle spielt. Freizeit gilt weitgehend immer noch als Privatsache (L.V. 18).

Jugendarbeit

Jugendarbeit ist ein subventionierter Teil des eben behandelten Freizeitsystems. Sie bietet älteren Kindern und Jugendlichen Gelegenheit, ihre Freizeit teilweise in Gruppen von Jugendverbänden, in lokalen Freizeitstätten, in überregionalen Bildungsstätten oder in Ferienmaßnahmen (z.B. Zeltlager) zu verbringen. Die Jugendarbeit, früher auch Jugendpflege genannt — ein Begriff, der heute fast nur noch in Rechtstexten zu finden ist — ist historisch gesehen eine Reaktion des Staates bzw. der bürgerlichen Gesellschaft auf die schon vor dem Ersten Weltkrieg entstandene bürgerliche Jugendbewegung (Wandervogel) und Arbeiterjugendbewegung. Die vermehrte Freizeit vor allem der Arbeiterjugendlichen wurde wegen der fehlenden Sozialkontrolle als pädagogisches Problem empfunden. Neben das pädagogische Interesse an einer „jugendgemäßen" Freizeitgestaltung trat von Anfang an das Interesse von Erwachsenenverbänden, ihren Nachwuchs zu sichern, so daß diese Verbände eigene Jugendorganisationen ins Leben riefen (Kirchen, Gewerkschaften, politische Parteien).

Im Unterschied zur Schule, die *allen* weltanschaulichen und politischen Grundüberzeugungen gerecht werden muß, können Jugendverbände durchaus parteilich sein, also gemeinsam mit ihren Anhängern bestimmte religiöse oder politische bzw. gewerkschaftliche Ziele verfolgen. Angebote der Jugendarbeit heute sind entweder eher *sachorientiert* (Sport, Bildungsmaßnahmen) oder eher *geselligkeitsorientiert* (Gruppenleben). Für den einzelnen Jugendlichen bietet die Jugendarbeit also einerseits Möglichkeiten der relativ unverbindlichen Freizeitverbringung, andererseits aber auch Chancen für ein verbindliches religiöses, politisches oder kulturelles Engagement, das einen Beitrag zur Identitätsbildung leisten kann. In der Jugendarbeit wird also das schon früher beschriebene Bedürfnis Jugendlicher, unter Gleichaltrigen zu leben, aufgegriffen. Die geschichtliche Erfahrung zeigt, daß die Attraktivität ihrer Angebote abhängt vom jeweiligen gesamten Lebenszusammenhang der Jugendlichen. In den Fünfziger/Sechziger Jahren z.B., als die Sozialkontrolle der Jugendlichen in Familie, Schule und Öffentlichkeit noch relativ streng war, war Jugendarbeit beliebt als Alternative dazu, als „Auszug aus dem Alltag". Heute, da diese Sozialkontrolle weitgehend entfallen ist und sich massenhaft das Gefühl von Isolierung und Entfremdung breit macht, sind Formen des befriedigenden Gemeinschaftslebens wieder interessant geworden. Die pädagogische Chance der Jugendarbeit ist also im wesentlichen eine kompensatorische, sie besteht jeweils darin, das anzubieten, was Jugendliche in ihrem sonstigen Lebenszusammenhang vermissen, was andererseits aber für ihre Persönlichkeitsentwicklung von Bedeutung ist. Das kann einmal Flucht aus der Enge einer als bedrohlich empfundenen Geborgenheit sein, ein anderes Mal gerade die Suche nach einer gruppenhaften Geborgenheit – wo man unter Menschen ist, die im wesentlichen gleichgestimmt sind und die gleichen Probleme lösen müssen.

Im Unterschied zur Schule ist die Jugendarbeit ein relativ flexibles pädagogisches Feld. Da sie unbelastet von Lehrplänen und Zensurenvergabe operieren kann, andererseits aber auch Teil des Freizeitmarktes ist und immer auch im Wettbewerb mit kommerziellen Anbietern (z.B. Disco) steht, kann sie sich relativ schnell neuen Gegebenheiten anpassen (L.V. 19).

Beruf und Betrieb

Damit haben wir die wesentlichen Sozialisationsfaktoren bzw. Lernfelder erwähnt, denen Kinder und Jugendliche heute ausgesetzt sind und die ihr Aufwachsen mit beeinflussen. Jedoch erscheint es zweckmäßig, diese Betrachtung kurz für das Erwachsenenleben fortzusetzen, damit nicht der Eindruck entsteht, die Möglichkeit und Notwendigkeit zu lernen sei mit dem Jugendalter abgeschlossen. Das hat man früher tatsächlich geglaubt: Lernen sei etwas für Kinder und Jugendliche, ein Erwachsener dagegen habe „ausgelernt" – ja er sei geradezu dadurch vom Jugendlichen abzugrenzen, daß er nun nicht mehr lernen müsse. Wir werden aber sehen, daß auch Erwachsene ihre eigentümlichen Sozialisations- und Lernfelder haben.

Da ist zunächst der Beruf bzw. der soziale Ort des Berufes, der Betrieb zu nennen. Viele Jugendliche lernen einen Betrieb bzw. eine Verwaltung schon während ihrer kaufmännischen oder gewerblichen Berufsausbildung kennen, die bei uns „dual" organisiert ist: Ein Teil der Ausbildung findet im Betrieb selbst statt, ein Teil in der Berufsschule (Berufsschulpflicht). In der Phase der Ausbildung befindet sich der Jugendliche also noch in einem gewissen Schonraum, der ihm einen relativen Schutz vor den uneingeschränkten Anforderungen der Berufsarbeit gewährt.

Bevor wir nach den möglichen Sozialisationswirkungen des Arbeitsplatzes fragen, ist ein genereller Hinweis nötig. In der modernen Industriegesellschaft ist die soziale Konstruktion unseres Lebens um die Erwerbsarbeit herum gruppiert worden: als Kinder und Jugendliche werden wir auf den Arbeitsmarkt vorbereitet, als Erwachsene sind wir in der Erwerbsarbeit tätig, als Rentner verlassen wir sie wieder. Unsere sozialen Sicherungssysteme basieren auf der Erwerbsarbeit und unsere Tugenden und Verhaltensweisen wurden vom Primat der Arbeit her begründet, mit dem Ziel, daß wir uns im Rahmen der Erwerbsarbeit und ihrer Bedingungen möglichst produktiv und anpassungsfähig bewegen können. Mit dem Aufkommen der modernen Massen-Freizeit und den Konsummöglichkeiten hat sich jedoch unsere arbeitsorientierte Moral allmählich verändert; wir haben im Freizeitbereich die Erfahrung gemacht, daß Werte wie Selbstbestimmung, Genuß, Luxus ein Eigenrecht verdienen und daß sie den in der Arbeit benötigten Normen wie Fremdbestimmung, Sparsamkeit, Disziplin entgegenstehen. So leben die meisten Menschen heute gleichsam in zwei verschiedenen Wertwelten, die zu verschiedenen Zeiten realisiert werden können: in der Arbeitszeit und in der Freizeit.

Zudem haben sich am Arbeitsplatz selbst die Bedingungen und Anforderungen in den letzten Jahrzehnten erheblich verändert. Was in den fünfziger und sechziger Jahren noch fast die Regel war: hierarchische Strukturen, in denen auf Anweisung gearbeitet wurde mit klaren Befehls- und Gehorsamsbeziehungen, ist heute eher zur Ausnahme geworden. Das Bild des Arbeiters etwa, das in den sechziger und siebziger Jahren als Modell der „Unterschicht-Sozialisation" die Köpfe der Pädagogen beherrschte, ist heute weitgehend verblaßt. Technologische Veränderungen in Betrieben und Büros haben auch die inneren Strukturen, die dienstlichen Beziehungen verändert und einerseits viele Menschen zu mehr Selbständigkeit am Arbeitsplatz geführt, andererseits aber auch zu neuen — vor allem nervlichen und psychischen — Belastungen. Die Frage also, welche Sozialisationswirkungen das Lernfeld Arbeitsplatz heute haben könnte, ist nicht mehr so leicht wie noch vor einigen Jahrzehnten zu beantworten, und die Antwort müßte eigentlich unterschiedlich für die eher „rückständigen" und die eher „moderneren" Betriebe und wiederum unterschiedlich für Handel und Industrie einerseits und den öffentlichen Dienst andererseits ausfallen. Solche Differenzierung würden hier aber zu weit führen. Versuchen wir deshalb am Beispiel der „modernen", also von den technologischen Veränderungen erfaßten Betriebe eine allgemeine Antwort zu geben.

1. Die Unsicherheit, einen Arbeitsplatz zu bekommen bzw. zu behalten, wird je nach Marktlage das Verhalten sowohl in der Familie, im Freizeit- und Konsumbereich wie im Betrieb mitbestimmen. Die Gefahr, arbeitslos zu werden und es möglicherweise auch zu bleiben, ist eine ständige Bedrohung, zumal es bei der Arbeitslosigkeit nicht nur um materielle Einbußen geht, sondern immer noch auch um den Statusverlust, der die Identität verletzen kann, weil eben unser Leben und damit auch unsere öffentliche Anerkennung auch moralisch immer noch wesentlich an der Erwerbsarbeit orientiert sind — trotz der neuen Freizeitwerte.

2. Charakteristisch ist das Konkurrenzverhalten im persönlichen Wettbewerb — sei es, um beruflich aufzusteigen, sei es, um den Arbeitsplatz nicht zu verlieren.

3. *Organisationszweck* des Betriebes ist, mit möglichst geringem Aufwand (Kosten) einen möglichst hohen Ertrag zu erwirtschaften. Auf die Dauer kann kein Betrieb diesen Zweck außer acht lassen, und er muß auch gegenüber seinen Mitarbeitern diesen Gesichtspunkt letztlich durchsetzen. Was für den Mitarbeiter Lebensunterhalt bedeutet, sind für den Betrieb Kosten, die so niedrig wie möglich gehalten werden sollen.

4. Die *Arbeitsorganisation* zielt dementsprechend auf höchstmögliche Rationalität und Effektivität ab, die Bedürfnisse und Fähigkeiten der Mitarbeiter müssen sich diesem Ziel weitgehend unterordnen, d.h. der Arbeitsplatz fordert immer nur *bestimmte* menschliche Fähigkeiten heraus, andere nicht.

5. Der technologische, soziale und ökonomische Wandel verlangt nicht nur hohe Anpassungsfähigkeit sowie die Fähigkeit des ständigen Um- und Weiterlernens, sondern

auch die Bereitschaft, unter Umständen den Arbeitsplatz oder auch den Beruf zu wechseln. In nicht wenigen Fällen entsteht durch „Rationalisierung" auch Arbeitslosigkeit.

Diese Faktoren der Sozialisation am Arbeitsplatz erscheinen auf den ersten Blick eher negativ, aber sie werden durch andere Tendenzen gemildert:

1. Die gewerkschaftliche Organisation, deren Ausdruck im Betrieb der Betriebsrat ist, unterstützt solidarische Komponenten der Arbeitsbeziehungen. Sie kann zwar auf Dauer nicht den Betriebszweck und die ihm entsprechende Arbeitsorganisation unterlaufen, aber doch weitgehend vor willkürlichen Maßnahmen schützen und die nötigen Entlassungen durch gemeinsam mit den Arbeitgebern entworfene „Sozialpläne" mildern.

2. Die informellen menschlichen Beziehungen am Arbeitsplatz, die sich außerhalb oder unterhalb der offiziellen dienstlichen Beziehungen ergeben, sind meist umfassender und „persönlicher", als es der reine Betriebszweck vorschreibt.

3. Gerade moderne Betriebe haben den produktiven Wert des menschlichen „Klimas" am Arbeitsplatz entdeckt und versuchen, es durch einen entsprechenden Führungsstil sowie durch andere Maßnahmen (Arbeitsplatzorganisation; Hinwendung zu eher kooperativen Arbeitsformen) angenehm zu gestalten. Zudem wurde zunehmend der Wert eines eingearbeiteten Mitarbeiters erkannt, es ist im Zweifelsfalle kostengünstiger, ihn zu behalten, als einen neuen an seiner Stelle einzustellen. Diese Tendenzen werden unterstützt durch die erwähnten technologischen Veränderungen, die zwar auch Arbeitsplätze wegrationalisieren, die übrig bleibenden aber auch in der Regel mit mehr Verantwortung und Selbständigkeit ausstatten.

4. Schließlich darf nicht vergessen werden, daß vielen Menschen ihre Arbeit Freude macht, daß sie daraus einen wichtigen Teil ihres Selbstbewußtseins, ihrer Identität und ihres sozialen Ansehens und nicht zuletzt auch ihren Lebensunterhalt beziehen. Insofern bleibt die Erwerbsarbeit von fundamentaler sozialer Bedeutung und es gibt bisher in unserer Gesellschaft keine Alternative zu ihr.

Wie diese und andere Faktoren des Lernfeldes Arbeitsplatz auf die Menschen wirken, wie sie ihre Einstellungen und ihr Verhalten mitbestimmen, läßt sich generell schwer sagen, wahrscheinlich wirken sie heute auch in hohem Maße individualisierend, d.h. die Erfahrungen am Arbeitsplatz dürfen nicht isoliert betrachtet werden, sondern müssen im Zusammenhang mit den anderen Lebensbereichen gesehen werden. So sind etwa von Bedeutung das Ausmaß der familiären Zufriedenheit und die Kompensationsmöglichkeiten in der Freizeit.

Für Jugendliche, die auf dem Wege sind, einen Beruf zu ergreifen bzw. zu erlernen, stellen sich heute vor allem folgende Probleme:

1. Vielen fällt es schon in der Lehrzeit schwer, sich an die Zeit-, Sach- und Kommunikationsdisziplin zu gewöhnen, die nun verlangt wird, und die sich von den einschlägigen schulischen Erfahrungen doch erheblich unterscheiden. Zudem hat sich gezeigt, daß viele Schulen insofern schlecht auf den Übergang in den Beruf vorbereiten, als sie die nötige sachorientierte Disziplin nicht verlangen oder nicht durchsetzen können.

2. Inzwischen ist eine Bildungs-Aufstiegs-Bewegung zu verzeichnen, d.h. der Drang, möglichst hohe Schulabschlüsse zu erlangen. Das bedeutet, daß sich für die unteren Bildungsgänge, vor allem für die Hauptschulabgänger, die Chancen eines Berufseintritts verringern können.

Wenn die Prognosen einiger Sozialwissenschaftler zutreffen, daß wir uns nämlich auf eine Zweidrittelgesellschaft hinbewegen, in der zwei Drittel der Menschen Berufsarbeit ausüben können, das letzte Drittel jedoch leer ausgehen wird, dann stellt sich die Frage, welcher soziale Ort für diese Menschen der Mittelpunkt ihres Lebens und Lernens sein könnte (L.V. 20).

Erwachsenenbildung

Nicht nur für Jugendliche gibt es in deren Freizeit pädagogische Angebote — die Jugendarbeit — sondern auch für Erwachsene. Die pädagogisch organisierten Formen, in denen Erwachsene lernen, fassen wir unter dem Begriff Erwachsenenbildung zusammen. Gemeint sind damit recht verschiedene Lerninstitutionen und Lernangebote: Volkshochschule, Heimvolkshochschule, Veranstaltungen der Kirchen und Gewerkschaften, die Mitarbeiterfortbildung einzelner Betriebe (die meist während der Arbeitszeit stattfindet) usw. Ähnlich verschieden wie die Einrichtungen sind die Angebote; sie reichen von der gezielten Berufsfortbildung oder Berufsumschulung bis zu beruflich zweckfreien kulturellen und lebenskundlichen Lernangeboten, wie sie in jedem Volkshochschulprogramm zu finden sind.

Die Veranstaltungen der Erwachsenenbildung haben immer größere Bedeutung gewonnen. Darin drückt sich die Tatsache aus, daß die starken Veränderungen im beruflichen Bereich, aber auch im politischen und kulturellen Leben unentwegt in Lernleistungen umgesetzt werden müssen. Wir müssen auch als Erwachsene auf die Veränderungen unserer Welt immer wieder mit Lernen reagieren.

Neben den intentionalen Angeboten der Erwachsenenbildung behalten aber im Erwachsenenalter auch eine Reihe von funktionalen Institutionen ihre Bedeutung: das Freizeitsystem, der Beruf und die Massenmedien, insbesondere wieder das Fernsehen. Hinzu kommt für viele die Gründung einer Familie, die sowohl im Hinblick auf den Partner wie im Hinblick auf die eigenen Kinder zu neuen, sehr bedeutsamen Erlebnissen und Erfahrungen und damit auch zu sehr prägnanten Lernleistungen führt. Und auch das, was wir bisher als Gleichaltrigengruppe bezeichnet haben, setzt sich im Erwachsenenleben fort. Hier nennen wir es nicht mehr Gleichaltrigengruppe, weil die Gleichaltrigkeit im Erwachsenenleben keine so dominierende Bedeutung mehr hat, sondern wir sprechen von Bezugsgruppen.

Wohl jeder Erwachsene lebt abgesehen von seiner Familie im Rahmen einer mehr oder weniger offenen Gruppe von Menschen, die selten mit Arbeitskollegen identisch ist. Den Gruppenmitgliedern ist man teils freundschaftlich verbunden, teils werden sie eher wegen ihrer Kompetenz akzeptiert. Sie müssen auch nicht unbedingt am selben Ort wohnen. Manchmal gruppieren sich solche Bezugsgruppen um bestimmte Projekte (z.B. politische oder ökologische) oder um bestimmte Zeitungen oder Zeitschriften (man ist nicht „in" in solchen Gruppen, wenn man nicht regelmäßig ein bestimmtes Blatt liest und über das Gelesene sprechen kann). Je mehr die Individualisierung des öffentlichen Lebens fortschreitet, je fragiler die menschlichen Basisbeziehungen werden (Ehe, Familie), um so bedeutsamer werden solche Gruppen. Sie bieten dem Einzelnen ein Forum, auf dem er seine Erfahrungen und Informationen zusammen mit anderen interpretieren kann. Diese Bezugsgruppen haben eine erhebliche Bedeutung für die Urteils- und Meinungsbildung, und vermutlich wirken sie eher konservativ, also die grundlegenden Überzeugungen eher bestätigend. Wie die jugendlichen Peer-Groups, so können auch die Bezugsgruppen der Erwachsenen problematische Züge annehmen. Auch Neo-Nazis haben ihre Bezugsgruppe (L.V. 21).

Pluralistische Sozialisation und das Problem der Identität

Damit haben wir eine Biographie des Menschen von der Geburt bis ins Erwachsenenalter unter dem Gesichtspunkt skizziert, welche Lernfelder und Lernorte dabei eine Rolle spielen. Es muß jedoch betont werden, daß wir dabei zu einem guten Teil auf unsere Lebenserfahrung angewiesen sind; denn der exakten Forschung entziehen sich diese Lernorte weitgehend. Wie soll man z.B. eine Bezugsgruppe überhaupt fixieren, ihre Lernwirkungen im Einzelfalle ermitteln können, während doch gleichzeitig die Einflüsse des Arbeitsplatzes, der Massenmedien, des Freizeitlebens usw. wirken? Dennoch müssen wir uns ein einigermaßen zutreffendes Bild vom Aufwachsen im Rahmen unterschiedlicher Lernfelder machen können, weil wir sonst gar nicht in der Lage wären, vernünftig im Umgang mit Kindern und Jugendlichen zu handeln. Das wird vielleicht deutlicher, wenn wir aus dieser Skizze einige Folgerungen ziehen.

1. Offensichtlich ist der Prozeß des Aufwachsens in einer modernen Gesellschaft deshalb ungemein kompliziert, weil daran eine ganze Reihe von Lernorten und Sozialisa-

140

tionsfaktoren beteiligt sind. Die pädagogisch intentionalen, zum Zwecke des Lernens organisierten Einrichtungen wie die Schule sind nur ein Teil dieses Komplexes, dessen Bedeutung wir nicht überschätzen dürfen. Darüber hinaus ist Lernen offensichtlich auch über weite Strecken eine Begleiterscheinung des sozialen Lebens selbst: Wir lernen, indem wir leben, das heißt: indem wir sozial tätig sind.

2. Wir können offenbar über das, was wir in den pädagogisch geplanten Einrichtungen tun, nur dann sinnvoll nachdenken und entscheiden, wenn wir uns ein Bild machen können von dem, was sowieso geschieht, also von den Lern- und Sozialisationswirkungen, die außerhalb von Familie und Schule stattfinden. Ohne den Blick auf die in der gesamten Gesellschaft wirksamen Lernwirkungen und Erfahrungen droht z.B. die schulische Planung an den Lerninteressen der Schüler vorbeizugehen. Wir brauchen als Pädagogen eine Zusammenschau der in der modernen Welt überhaupt wirksamen Lernprozesse und Lernfaktoren. Die pädagogisch geplanten Einrichtungen können sich nicht mehr aus sich selbst heraus verstehen, sondern müssen eine Art Plattform bilden, auf der die anderen Lernwirkungen mit zur Sprache kommen, ins Bewußtsein gehoben und so ihrer sozialen Mechanik enthoben werden. Oder anders ausgedrückt: Pädagogisch geplante Lernfelder sind — von der frühen Kindheit an — nicht mehr nur *lebensvorbereitende* Felder, sondern immer auch schon *lebensbegleitende,* d.h. sie müssen immer auch das bereits gelebte Leben der Schüler mit zum Thema und insofern dafür Interpretationsangebote machen.

3. Wir können bestimmten Altersstufen bestimmte Lernprobleme zuordnen. Aber wir können dies nicht im Sinne einer innerseelischen oder biologischen Gesetzlichkeit, sondern indem wir den einzelnen Menschen in der Umgebung seiner Lernfelder und Lernanforderungen insgesamt betrachten. Dabei können wir uns jedoch nur zum Teil auf Ergebnisse der sozialwissenschaftlichen Forschung stützen. Wenn wir in unseren pädagogischen Handlungsfeldern erfahren wollen, welche Erfahrungen und Lernbedürfnisse Kinder und Jugendliche einer bestimmten Altersstufe haben, dann müssen wir darüber mit ihnen sprechen.

4. Der Überblick über die verschiedenen Lerninstitutionen hat uns gezeigt, daß sie nicht eindeutig sind, daß sie nicht in der gleichen Richtung wirken. Sie sind pluralistisch wie die Gesellschaft selbst. Ihre Ziele sind verschieden, oft einander widersprechend. Das gilt nicht nur für die Massenmedien im Unterschied zur Schule, sondern auch im Vergleich der pädagogisch organisierten Einrichtungen selbst. So ist z.B. die Jugendarbeit nicht nur eine Fortsetzung des elterlichen Erziehungswillens, sondern wesentlich auch dessen Korrektur. Man kann aus dieser Tatsache der Pluralität zwei entgegengesetzte Schlüsse ziehen. Man kann es bedauern, daß Erziehung und Lernen ihre Eindeutigkeit verloren haben und daß deshalb das Erwachsenwerden komplizierter geworden ist. Man kann diese Tatsache aber auch – und dieser Meinung möchte ich mich anschließen – als eine große Chance für die Selbständigkeit des jungen Menschen betrachten. Die Pluralität der Lernfaktoren eröffnet nämlich auch die Chance, daß sie einander korrigieren, daß Informationsmonopole (der Eltern, der Lehrer, der Zeitungen usw.) gebrochen werden. Gerade die Pluralität ermöglicht es den Menschen, sich selbständige Urteile zu bilden, sie ermöglicht auch jungen Menschen bereits individualisierende Urteils- und Handlungsspielräume.

5. Wir haben bisher der Einfachheit halber zwischen pädagogischen Institutionen, die eigens zum Zwecke des Lernens organisiert sind, und den funktionalen Institutionen unterschieden, deren eigentlicher Zweck nicht das Lernen ist, die aber gleichwohl bedeutsame Lernwirkungen haben. Nach den Ergebnissen unseres Überblicks müssen wir aber nun differenzieren und sagen: jede zum Zwecke des Lernens organisierte Einrichtung ist *auch* ein funktionaler Faktor. Das liegt am Charakter einer Institution. In dem Augenblick, wo das Lernen planmäßig organisiert wird wie in der Schule, tauchen andere Wirkungen auf als die bloß geplanten: jede organisierte Lerninstitution hat funktionale Aspekte, die die intentionalen verstärken oder auch überspielen können. In der Schule z.B. wird nicht nur gelernt, was im Unterricht dargeboten wird. Von Bedeutung ist vielmehr auch, daß der Unterricht in Jahrgangsklassen, also in einer bestimmten Gruppensituation stattfindet, daß

es in diesen Gruppen unabhängig von Lehrern und Unterricht Interaktionen gibt, daß die Schule mit ihren Zeugnissen *Berechtigungen* für das weitere Leben der Schüler verteilt, daß der Unterricht in einer ganz bestimmten Organisationsform (45-Minuten-Stunde) abläuft usw.

6. Und noch eine weitere Korrektur müssen wir anbringen. Wir haben bisher so getan, als ob in allen genannten Lernfeldern auch wirklich gelernt wird in dem früher definierten Sinne, daß sich Einstellungen, Urteile, Verhaltensweisen und Vorstellungen *ändern*. Jedes Lernfeld und auch jede geplante pädagogische Institution ist aber entsprechend ihrer gesellschaftlichen Funktion auch bemüht, das Lernen zu kanalisieren, also auch Lernen zu verhindern, wenn es den vorgegebenen Zielen widerspricht. So werden in den Schulen wichtige Grundeinstellungen der Mittelschicht nicht problematisiert, sondern verstärkt.

Überhaupt muß man davon ausgehen, daß von allen Lernorten eher konformierende Wirkungen ausgehen, daß die Individuen zur Anpassung an die dort geltenden Regeln veranlaßt werden; denn jede strukturierte Sozialsituation bedarf zu ihrer Erhaltung bzw. Reproduktion eines Mindestmaßes an Konformismus. Nur werden an den einzelnen sozialen Orten eben *verschiedene* Verhaltensweisen verlangt. In der Discothek zum Beispiel muß man sich anders verhalten als in der Schule oder zu Hause. Dies ermöglicht persönliche Distanz zu den einzelnen Erwartungen und damit wiederum ein gewisses Maß an Autonomie.

7. Man kann also die verschiedenen Sozialbeziehungen, die die Menschen — junge wie alte — eingehen, unter unterschiedlichen Aspekten betrachten. Die Pädagogik betrachtet sie unter dem Gesichtspunkt, was in ihnen gelernt wird bzw. gelernt werden kann. So gesehen hat das ganze menschliche Dasein eine pädagogische Dimension, die allerdings nicht das Ganze erfassen kann und will. Es handelt sich eben nur um eine Dimension, und d.h.: um eine partielle Perspektive. Erst wenn man sich diese Tatsache klarmacht, bemerkt man, wie armselig eine Pädagogik wäre, die sich lediglich mit den pädagogisch geplanten Feldern beschäftigen wollte.

8. Wenn es stimmt, daß sich das Heranwachsen heute zwischen widersprüchlichen Lernerwartungen und Sozialisationswirkungen vollzieht, dann folgt daraus, daß keine pädagogische Institution für sich allein mehr in der Lage ist, die Persönlichkeit des Kindes bzw. Jugendlichen im ganzen zu repräsentieren, gleichsam die Gesamtverantwortung für die Sozialisation zu übernehmen. Damit verschärft sich aber das Problem der Identität in diesem Prozeß. Gewann man früher Identität vor allem dadurch, daß man sich mit seiner Gruppe (Familie; soziale Klasse) identifizierte, um von daher das davon Abweichende und Fremde zu verstehen und zu behandeln, so hängt heute die Fähigkeit zur Identität zumindest von einem gewissen Lebensalter an offenbar davon ab, daß man zwischen den unterschiedlichen Erwartungen und Wirkungen balancieren kann, daß man sich also mit den pluralistischen Erwartungen und Wirkungen nur teilweise identifiziert, daß man gegenüber jeder von ihnen eine gewisse Distanz behält.

Dies aber ist mit erheblichen Anstrengungen verbunden, macht das Heranwachsen sehr viel schwieriger und gefährdet sein Gelingen sehr viel stärker als früher. Im Grunde ist hier jeder zumindest vom Jugendalter an letzten Endes auf sich selbst verwiesen, muß seine Identität immer wieder selbst finden und definieren. Das ist — so scheint es — überhaupt nur möglich, wenn man sich neben der Familie jeweils in selbst gewählten Gruppen (Bezugsgruppe; Freundeskreis) aufgehoben und zugehörig fühlt. Unter diesem Aspekt kann man die Bedeutung der eben genannten pädagogisch ungeplanten Lernfelder wie Gleichaltrigengruppe und Bezugsgruppe gar nicht hoch genug einschätzen. Das Problem ist also, wie man in diesem Sozialisationsprozeß Identität finden und behaupten kann, und welche Aufgaben in diesem Zusammenhang die pädagogisch geplanten Felder (z.B. die Schule) haben.

3. Kapitel
Gefährdungen
des Heranwachsens:
Sozialpädagogik

Die eben entworfene Skizze der verschiedenen Lernfelder
ist noch unvollständig; wir haben nämlich so getan, als ob
der Prozeß des Heranwachsens in jedem Fall befriedigend
gelänge. Damit haben wir ein sehr friedliches Bild der pädagogischen Probleme entworfen, das mit unserer Lebenserfahrung keineswegs übereinstimmt und das sich gleichsam nur auf einen idealen normalen Lebensweg bezieht.
„Normal" ist, daß Kinder in ihrer Familie aufwachsen, einigermaßen erfolgreich die Schule besuchen und dadurch eine befriedigende Berufstätigkeit finden. Was aber geschieht mit solchen Kindern und Jugendlichen, die nicht in
einer „normalen" Familie aufwachsen können, weil die Eltern gestorben oder aus anderen Gründen nicht in der Lage
sind, ihre Kinder aufzuziehen? Was geschieht mit Kindern
und Jugendlichen, die straffällig geworden sind? Und was
geschieht mit denen, die zwar bei ihren Eltern leben, die
aber sozial auffällig werden und kriminell zu werden drohen?

Seit dem Reichsjugendwohlfahrtsgesetz (RJWG) von 1922
hat jedes Kind ein Recht auf Erziehung, und der Staat ist
verpflichtet, entsprechend tätig zu werden und notfalls
auch die Kosten dafür zu übernehmen, wenn eine Familienerziehung nicht möglich ist.

Mit solchen Kindern und Jugendlichen beschäftigt sich die
Sozialpädagogik. Ich möchte mich jedoch im Rahmen die-

145

ser Einführung beschränken auf diejenigen, deren Sozialisation besondere Schwierigkeiten bereitet, weil sie kriminell geworden sind oder „zu verwahrlosen drohen".

Auf den ersten Blick ist dieses Problem scheinbar ein je individuelles. Tatsächlich jedoch verweisen diese Einzelfälle immer auch auf gesellschaftliche Hintergründe, die gleichsam als Risikofaktoren ein befriedigendes Aufwachsen generell oder aber für bestimmte Gruppen von Kindern gefährden. So ist heute etwa die schon erwähnte Tatsache der pluralistischen Sozialisation für manche Heranwachsende eine Belastung, weil sie jedem ein im Vergleich zu früher hohes Maß an Eigenverantwortung abverlangt. Hinzukommen können andere Faktoren wie unbefriedigende Beziehungen in der Familie und Überforderung in der Schule und am Arbeitsplatz.

Historisch-gesellschaftlich bedingt ist jedoch nicht nur die Entstehung von Dissozialität, sondern auch die gesellschaftliche Reaktion darauf, die Art und Weise, wie mit solchen Kindern und Jugendlichen umgegangen wird. Schließlich handelt es sich hier um Phänomene, die sehr im Unterschied zum bisher beschriebenen „normalen" Aufwachsen *negativ* bewertet werden. Um diesen Zusammenhang von gesellschaftlicher Bewertung und pädagogischer Reaktion zu verstehen, müssen wir die Entwicklung der Sozialpädagogik seit Beginn des 19. Jahrhunderts in den Blick nehmen. Drei Phasen lassen sich dabei unterscheiden, in deren Mittelpunkt jeweils unterschiedliche gesellschaftliche Definitionen dieses Problems stehen. In der ersten Phase ging es um die „Rettung" des verelendeten Arbeiterkindes, in der zweiten Phase ging es um den Schutz der bürgerlichen Gesellschaft vor „verwahrlosten" Arbeiterjugendlichen, in der dritten, gegenwärtigen Phase geht es um die strukturelle Gefährdung des Heranwachsens überhaupt.

Sozialpädagogik und Industrie-gesellschaft

Die erste Phase ist in den ersten zwei Dritteln des 19. Jahrhunderts zu lokalisieren. Damals erreichte eine Entwicklung ihren ersten Höhepunkt, die man die „Entstehung des Kapitalismus" oder auch „die erste industrielle Revolution" genannt hat. Die Erfindung der Dampfmaschine und die dadurch ermöglichte Mechanisierung der Produktionsvorgänge führten zur Zerlegung der Arbeitsvorgänge (Arbeitsteilung). Dadurch erhöhte sich die Produktivität. Die vorher ganzheitlichen Arbeitshandlungen des Handwerks wurden nun in einzelne Tätigkeiten zerteilt, für die die neue Industrie zunächst ein großes Heer ungelernter Arbeiter brauchte. Dieses Heer kam nur zum geringen Teil aus dem Handwerk, das der Konkurrenz der billiger produzierenden Industrie ausgesetzt war, zum viel größeren Teil dagegen vom Lande. Dort hatte nämlich die sogenannte „Bauernbefreiung" stattgefunden, die Aufhebung der Leibeigenschaft, die Kapitalisierung von Grund und Boden und damit auch die Aufhebung der umfassenden Fürsorgepflicht des Grundbesitzers für seine Bauern. Die Beziehung zwischen ihnen wurde nun zu einer bloß ökonomischen, d.h. zu einem Marktverhältnis, zu einer Sache von Angebot und Nachfrage. Da durch die Bauernbefreiung auch die bis dahin meist noch gültigen Heiratsverbote aufgehoben wurden — vorher durfte im allgemeinen nur heiraten, wer nachweisen konnte, daß er auch eine Familie zu ernähren vermochte — stieg die Landbevölkerung in hohem Maße an. Dieser Bevölkerungsüberschuß strömte nun in die Städte, wo sich die neue Industrie ansiedelte. Das städtische Proletariat war also im Grunde ein Agrarproletariat, ein Heer von Menschen, die außer ihrer Arbeitskraft nichts ihr eigen nennen konnten. Im einzelnen waren die Verhältnisse natürlich sehr kompliziert, vor allem im Hinblick auf die verschiedenen deutschen Landschaften. In den ostelbischen Agrargebieten z.B., in denen es praktisch keine Industrie gab, hielten sich vorindustrielle Verhältnisse noch bis in unser Jahrhundert hinein.

Im Kommunistischen Manifest von 1848 wird die Lage des neuen Proletariats ebenso brillant wie bereits kämpferisch formuliert:

„Die Arbeit der Proletarier hat durch die Ausdehnung der Maschinerie und die Teilung der Arbeit allen selbständigen Charakter und damit allen Reiz für den Arbeiter verloren. Er wird ein bloßes Zubehör der Maschine, von dem nur der einfachste, eintönigste, am leichtesten erlernbare Handgriff verlangt wird . . . Je weniger die Handarbeit Geschicklichkeit und Kraftäußerung erheischt, d.h. je mehr die moderne Industrie sich entwickelt, desto mehr wird die Arbeit der Männer durch die der Weiber und Kinder verdrängt. Geschlechts- und Altersunterschiede haben keine gesellschaftliche Geltung mehr für die Arbeiterklasse. Es gibt nur noch Arbeitsinstrumente, die je nach Alter und Geschlecht verschiedene Kosten machen."

Nicht, daß es weitverbreitete Armut gab, war das neue Problem. Armut hatte es immer schon gegeben. In der scholastischen Philosophie des Mittelalters (Thomas von Aquin) gibt es eine ausformulierte Almosenlehre, nach der einerseits der Arme ein ebenso gottgefälliges Leben führen konnte wie der Reiche — die Armen waren gleichsam ein anerkannter Stand im Aufbau der mittelalterlichen Gesellschaft — andererseits war das Almosengeben eine der standesgemäßen religiösen Pflichten des Reichen. Neu war also nicht die Armut als solche, sondern die *soziale* Problematik, die Tatsache nämlich, daß eine große Zahl von Proletariern aus jeder sozialen Ordnung (der Kirche, der Zunft, der Familie) herausgelöst wurde, als sie in die neuen Industriestädte strömten. Ähnliche Probleme hat es allerdings auch schon früher gegeben. Bereits im ausgehenden Mittelalter und vor allem infolge des Dreißigjährigen Krieges mußten an vielen Orten in Europa Verordnungen gegen die Bettler erlassen werden, weil sie das Land und die Städte überschwemmten und ihre große Zahl von den Städten nicht mehr zu verkraften war. Aber das waren vorübergehende Fälle, solange im übrigen die Ordnungen einigermaßen stabil blieben. Dies änderte sich jedoch in dem Maße, wie sich die modernen kapitalistischen Ideen des Profits, der freien Konkurrenz und des freien Marktes durchsetzten und *alle* gesellschaftlichen Verhältnisse – wie Marx richtig gesehen hat – einem revolutionären Wandel unterwarfen. In dieser liberalistischen Wirtschaftsgesinnung, die von Ricardo und Malthus verkündet wurde, war für die Armen kein positiver Platz mehr, sie waren ein Abfallprodukt des modernen Wirtschaftens geworden. Malthus rechnete seinen Zeitgenossen aus, daß Armut prinzipiell unabschaffbar sei und daß jede wirtschaftliche Hilfe das Elend der Armen noch vergrößere, weil sie dadurch sich nur weiter vermehren würden. Es war also die Kombination von Armut *und* sozialer Bindungslosigkeit, die die neue Armut der Proletarier radikalisierte. Und indem aufmerksame Zeitgenossen eben dies, nämlich die Zerstörung der sozialen Bindungen bei den Armen, zu entdecken begannen, entdeckten sie etwas, was uns bis auf den heutigen Tag sozialpolitisch und sozialpädagogisch beschäftigt: daß es nämlich nicht selbstverständlich ist, daß die Menschen in stabilen sozialen Beziehungen leben, sondern daß man politisch – durch Gestaltung der gesellschaftlichen Verhältnisse – und pädagogisch – durch entsprechende Lernangebote – etwas dafür tun müsse. In diesem Zusammenhang entstand das Wort Sozialpädagogik, im Sinne einer neuen pädagogischen Aufgabe, die die Wiederherstellung der zerstörten sozialen Beziehungen erstrebte. Für die Lösung dieser Aufgabe gab es – und das war entscheidend – kein Vorbild; oder genauer gesagt: es gab zwar zwei geschichtliche Vorbilder bzw. Überlieferungen, die aber auf die neue Aufgabe nicht recht paßten. Das eine Vorbild war die aus der mittelalterlichen Almosenlehre überkommene religiös begründete Verpflichtung der Reichen und Begüterten zur Hilfe für die Armen, vor allem auch für deren Kinder. Schon das ausgehende Mittelalter kannte Findel- und Waisenhäuser, also Einrichtungen, die sich der ausgesetzten bzw. elternlosen Kinder annahmen. Dies zu tun, war eine einfache Christenpflicht. Wegen der besonderen Hochschätzung der Familie im Mittelalter wurden arme Kinder zwar im Rahmen der schon genannten Almosenlehre versorgt, aber in der Regel nicht von ihren Eltern getrennt. Erst später, nach der Reformation und vor allem in protestantischen Gegenden wie in den Niederlanden, nahm man in dem Maße, in dem die Versorgung der erwachsenen Armen wegen ihrer großen Zahl immer schwieriger wurde, arme Kinder in eigens für sie geschaffene Häuser auf.

Im 19. Jahrhundert versuchten vor allem die Kirchen (Caritasverband, gegründet 1897; Innere Mission gegründet 1848/49 von J.H. Wichern) in mehr oder weniger veränderter Form an die mittelalterlichen Almosentradition anzuknüpfen.

Das zweite Vorbild aber, das insbesondere im deutschen Protestantismus lebendig geblieben war, war die erzieherisch begründete Kinderarbeit. In der Zeit des fürstlichen Absolutismus, die man wirtschaftsgeschichtlich auch Merkantilismus nennt, versuchte der Staat durch den Einsatz aller verfügbaren Arbeitskräfte zu möglichst hoher wirtschaftlicher und damit politischer Macht zu gelangen. Nun wurden die Armen nicht mehr wohltätig gespeist, sondern in Arbeitshäusern zur Arbeit gezwungen – auch die Kinder der Armen. Der moderne Protestantismus, der wesentlich an der Aufwertung der Arbeit beteiligt war und nach Max Weber überhaupt die ideologische Voraussetzung für den modernen Kapitalismus geschaffen hat, sah in der Arbeit einen hohen erzieherischen Wert. Nun galt nicht mehr wie im Mittelalter der Gedanke, daß Armut ein Stand sei, in den man hineingeboren wurde und den man nicht abschaffen dürfe; im Zeitalter des Merkantilismus wurde vielmehr versucht, den Armen zur Selbsthilfe zu erziehen, so daß er für seinen Lebensunterhalt selbst sorgen könne. Dies aber war ein pädagogisches Problem. Nun mußte der Arme nämlich etwas *lernen,* z.B. ein Handwerk. Vor allem in pietistischen Kreisen des Protestantismus hat dieser Gedanke, die armen Kinder das Arbeiten und möglichst sogar ein Handwerk zu lehren, eine große Rolle gespielt. Hier verband sich der Gedanke des Arbeitens mit dem Gedanken der Gottgefälligkeit eines arbeitsamen, asketischen, dem Luxus und dem Vergnügen abgeneigten Lebens.

Beide Traditionen waren konservativ in dem Sinne, daß sie versuchten, die alten Sozialordnungen wiederherzustellen, die durch die kapitalistische Entwicklung zerstört wurden, vor allem die Familie und die christliche Gemeinde. So galten auch die Heime, die man für arme Kinder einrichtete, als ein Modell für die Familie oder für die christliche Gemeinde oder für beides. Der Gedanke, daß der Arme ein Recht haben könne, nach oben aufzusteigen, etwa im Sinne eines Rechtes auf Bildung, war im 19. Jahrhundert so gut wie unbekannt und in dieser Phase der sozialpädagogischen Bemühungen jedenfalls ohne jede Bedeutung. Auch für Pestalozzi war es selbstverständlich, daß er seine armen Kinder nicht zu einem Auszug aus der Armut erzog, sondern dazu, im Rahmen ihres Standes sittlich gut und durch eigene Arbeit leben zu können.

Im Rahmen dieser überlieferten Vorstellungen ist auch die wohl bedeutendste praktische Leistung der ersten Phase zu sehen: Die von Johann Hinrich Wichern eingerichteten „Rettungshäuser", deren erstes, das „Rauhe Haus", 1833 in Hamburg gegründet wurde. Wichern sah in der massenhaften proletarischen Verelendung eine politische Gefahr, eine Bedrohung der gesellschaftlichen Ordnung, und propagierte im Rahmen der 1848 gegründeten „Inneren Mission" den Gedanken einer „Rettung" des proletarischen Nachwuchses, damit der Zirkel, der sich mit jeder Generation wiederholenden sittlichen Verwahrlosung durchbrochen werden konnte, zumal Wichern die Erziehungsfähigkeit vieler im Elend lebender Eltern nicht hoch einschätzte. Die Kinder lebten im Rettungshaus in kleinen Gruppen unter Leitung eines Erziehers, in ausdrücklicher Analogie zur normalen Familiensituation. Das Rettungshaus im ganzen verstand sich als eine christliche Gemeinde. Die Kinder sollten arbeiten und eine ihrem Stand angemessene berufliche Ausbildung erhalten, um später ihren Lebensunterhalt selbst verdienen zu können. Wichern trat zwar auch für gesellschaftliche Reformen ein, aber sein Hauptaugenmerk galt der Wiederherstellung eines sittlich-religiösen Lebens — auch unter den Bedingungen der Armut.

Das sozialpädagogische Interesse richtete sich also in erster Linie auf die Kinder, die teilweise ohne die Schule besuchen zu können früh zur gewerblichen Arbeit gezwungen waren, um auch ihrerseits einen Beitrag zum Familieneinkommen zu leisten. Diese Kinderarbeit abzuschaffen und durch regelmäßigen Schulbesuch zu ersetzen war in dieser Phase ein Hauptziel auch der staatlichen Politik. Der praktische Erfolg war jedoch bescheiden, weil die ökonomischen Ursachen der Armut so leicht nicht zu beseitigen waren.

„Verwahrloste" Jugendliche

Die zweite Phase der Sozialpädagogik begann etwa um 1880. Die soziale Lage hatte sich nun entscheidend verändert. Die Arbeiterbewegung – seit 1890 wieder frei vom Sozialistengesetz – hatte einen gewaltigen Aufschwung genommen und wurde von den übrigen Klassen teils mit Angst, teils mit Unverständnis betrachtet. Diese Arbeiterbewegung war nicht mehr das Heer der Armen, die auf karitativ-christliche Almosen angewiesen waren, und auch die staatliche Sozialpolitik Bismarcks wurde von ihr stolz abgelehnt, weil sie als ein Almosen des Staates an seine unteren Schichten verstanden wurde; denn diesen Schichten wurde ja zugleich die politische Mitbestimmung (Dreiklassen-Wahlrecht!) verwehrt. Zwar gab es in den unteren Klassen nach wie vor genug Armut und Elend, vor allem dadurch, daß die Kinderarbeit und die Arbeit der Mütter noch keineswegs abgeschafft waren (die vielseitige Not des proletarischen Kindes wurde 1911 von dem Sozialdemokraten Otto Rühle in seinem Buch „Das proletarische Kind" zum ersten Mal anhand der damals erreichbaren Unterlagen und Statistiken auch empirisch dargestellt). Aber hinter aller Not stand nun der politische Wille der SPD und der Gewerkschaften, sich notfalls zu erzwingen, was ihnen aus eigenem Recht und nicht als Almosen eines karitativ wohlgesinnten Bürgertums oder des Staates zustehe.

Was Wichern und andere in der ersten Hälfte des Jahrhunderts befürchtet hatten, nämlich eine revolutionäre Zuspitzung, schien nun greifbar nahe. Das zentrale innenpolitische Thema dieser Zeit war die „soziale Frage", ob und wie es gelingen könnte, die Arbeiterschaft in die bürgerliche Gesellschaft zu integrieren, um so eine revolutionäre Eskalation zu verhindern. Dabei wurden auf allen politischen Ebenen zwei Strategien angewandt: Disziplinierung einerseits, Reformangebote andererseits, also das klassische Muster von „Zuckerbrot und Peitsche". Bismarcks Handeln gegenüber der sozialistischen Arbeiterbewegung war dafür typisch: einerseits die für die damalige Zeit vorbildliche Sozialgesetzgebung, andererseits das – im Ergebnis fruchtlose – Verbot der SPD.

Auf der sozialpädagogischen Ebene wandte sich das Interesse nun den jugendlichen Arbeitern zu. Bei den bis zu Sechzehnjährigen verdoppelte sich ihre Zahl zwischen 1892 und 1908 auf über 450.000. In der Altersklasse der Sechzehn- bis Einundzwanzigjährigen schätzte man den Anstieg von 578.000 auf 1.174.000 (genaue Statistiken wurden für diese Altersklasse nicht geführt).

Diese jungen Arbeiter waren in der Mehrzahl nicht mehr die verelendeten Proletarierkinder, die Wichern im Auge hatte. Sie waren vielmehr in gewisser Weise gegenüber den erwachsenen Arbeitern privilegiert, weil sie nicht für eine Familie zu sorgen hatten, sondern ihren Lohn für sich selbst weitgehend verwenden konnten. Zudem lebten sie zwischen Schulabgang und Militärdienst in einer „Kontrollücke", d.h. sie hatten sozial wenig kontrollierte Freizeit und Geld zur Verfügung, das sie ausgeben konnten. Sie wohnten in den großen Industriestädten, die nun aus dem Boden schossen, in separaten Vierteln, und in diesem sozialen Raum entstand subkulturelles Gleichaltrigenverhalten, das den bürgerlichen Vorstellungen über Sitte und Anstand deutlich widersprach. Dies galt vor allem für das in der marxistischen Terminologie sogenannte „Lumpenproletariat", jene Schicht am unteren Ende der Sozialskala, die buchstäblich von der Hand in den Mund lebte, keine Zukunftsplanungen entwickelte, sondern der Gegenwart verhaftet blieb, den bürgerlichen Tugenden der Sparsamkeit, des Arbeitsfleißes, der sexuellen Selbstkontrolle und den Vorstellungen von „Sitte und Anstand" nicht entsprach.

Dieser Typus fand eine literarische Darstellung im Begriff des „Halbstarken". Clemens Schultz, der als evangelischer Pfarrer in einem Hamburger Arbeiterviertel Jugendarbeit veranstaltete, beschrieb diesen Typus in einem Buch gleichen Titels so:

„Da steht er an der Straßenecke, auf dem Kopf möglichst keck und frech eine verbogene Mütze, manchmal darunter hervorlugend eine widerlich kokette Haarlocke, um den Hals ein schlechtes Tuch gebunden . . ., im Munde die unvermeidliche kurze Pfeife . . . er ist selten allein und hat mei-

stens von seinesgleichen bei sich, mit denen er sich oft in al-
bernster, kindischer Weise herumbalgt. Die Unterhaltung
die sie führen ist durchsetzt mit den gräulichsten Schimpf-
wörtern. Er hat eine bewundernswerte Kunstfertigkeit im
Spucken. Seine Freude ist es, die Vorübergehenden zu belä-
stigen ...

Diese Halbstarken ... bilden den Mob, sind eine furchtbare,
grauenerregende Macht, zumal im großstädtischen Leben;
ein Schlamm, der immer nach unten sinkt, wenn das soziale
Leben in ruhigen Geleisen fortfließt, sich am Boden der Ge-
sellschaft festsetzt ... Wehe, wenn etwa durch eine Revolu-
tion, vielleicht auch nur durch einen Generalstreik oder
durch große politische Erregungen das soziale Leben er-
schüttert wird, dann kommt dieser Schlamm nach oben und
er ist von furchtbarer Wirkung. Dieser Mob ist viel schlim-
mer und verderblicher, als einzelne sogenannte schwere Ver-
brecher" (zit. nach: D.J.K. Peukert: Grenzen der Sozialdiszi-
plinierung, Köln 1986, S. 65 f.).

Die bürgerliche Furcht vor Aufruhr wurde zusätzlich genährt durch alarmierende Zahlen über das Ansteigen der
Jugendkriminalität, sowie durch weitverbreitete Klagen
über die Renitenz jugendlicher Arbeiter gegenüber Eltern
und Vorgesetzten.

Auf diese als Bedrohung empfundene Lage antworteten
Sozialpädagogik und Sozialpolitik mit der schon erwähnten Doppelstrategie: Zu Beginn unseres Jahrhunderts wurde versucht, die „Kontrollücke" zwischen Schulabschluß
und Militärdienst einmal durch die Propagierung einer
staatlich subventionierten Jugendpflege in den kirchlichen
und anderen bürgerlichen Jugendverbänden zu schließen:
Möglichst viele Arbeiterjugendliche sollten ihre Freizeit
„sinnvoll" in solchen Organisationen verbringen. Zugleich
aber wurden die nun entstehenden Arbeiterjugendvereine
polizeitlich bekämpft und gesellschaftlich behindert. Diese
staatlich subventionierte Jugendpflege führte bis zum ersten Weltkrieg zu einem sich aufschaukelnden „Kampf um
die Jugend" zwischen den kirchlichen und politischen Interessenten.

Die Maßnahmen der Jugendpflege wurden auf der anderen
Seite ergänzt durch eine Neuregelung der „Jugendfürsor-

ge". Hier ging es um die Frage, was mit dissozialen bzw. kriminellen Jugendlichen geschehen sollte. In dieser Frage spielte nun eine Reformbewegung eine Rolle, die als „Jugendgerichtsbewegung" bzw. „Jugendfürsorgebewegung" in unsere Geschichte eingegangen ist. Gegen Ende des vorigen Jahrhunderts erhoben sich immer mehr Stimmen, die die damalige Behandlung jugendlicher Straftäter für dringend reformbedürftig hielten. Dabei ging es vor allem um folgende Überlegungen:

1. Es hatte sich als wenig zweckmäßig erwiesen, jugendliche Straftäter mit Erwachsenen im selben Vollzug zu behandeln, zumal die Strafmündigkeit mit dem zwölften Lebensjahr einsetzte; viele junge Gefangene wurden durch den Umgang mit erwachsenen Tätern erst richtig kriminell. Gefordert wurde also ein besonderes Jugendstrafrecht.

2. Dieser besondere Strafvollzug sollte neben dem Zweck der Strafe auch dem der Erziehung dienen.

3. Dieser Erziehungszweck ist jedoch nur zu erreichen, wenn man nicht wartet, bis die erste Straftat begangen wird, denn die Übergänge zwischen dem Herausfallen aus den sozialen Ordnungen – „Verwahrlosung" genannt – und einer Straftat sind oft fließend.

Mit diesem dritten Gesichtspunkt kam eine neue, aber folgenreiche Zielvorstellung in das sozialpädagogische Denken hinein: Der Gedanke der erzieherischen *Prävention*.

Die Idee der Prävention, also durch vorbeugende Maßnahmen ein sonst (möglicherweise) eintretendes Übel zu vermeiden, war damals sowohl im Strafrecht („Abschreckung") wie in der Medizin verbreitet, die durch präventive Maßnahmen erhebliche Erfolge z.B. in der Seuchenbekämpfung aufweisen konnte. Von diesem Optimismus ging nicht wenig in die pädagogische Reformbewegung ein, deren Höhepunkte die Verabschiedung des Reichsjugendwohlfahrtsgesetzes (RJWG) (1922) und des Jugendgerichtsgesetzes (JGG) (1923) waren. Das JGG setzte die Strafmündigkeit auf 14 Jahre hinauf und führte für die Vierzehn- bis Achtzehnjährigen ein besonderes Jugendstrafrecht ein, das im wesentlichen bis heute gilt. Das RJWG programmierte das „Recht des Kindes auf Erziehung zur körperlichen, geistigen und gesellschaftlichen Tüchtigkeit" (§ 1), das notfalls der Staat zu garantieren habe. Der Gedanke der Prävention ist übrigens bis heute gültig: Der Gesetzgeber begründet die Jugendpflege (heute in der Regel „Jugendarbeit" genannt) als „vorbeugende Jugendfürsorge".

Der pädagogische Optimismus, mit dem die sozialpädagogische Reform ins Werk gesetzt wurde, gelangte bald an seine Grenzen. Mutige Reformversuche wie von Curt Bondy und Günther Herrmann in der Jugendstrafanstalt Hahnöfersand scheiterten ebenso wie reformpädagogische Experimente in der Fürsorgeerziehung (Karl Wilker im Lindenhof bei Berlin) teils am Widerstand der Verwaltung, teils auch an einer gewissen pädagogischen Weltfremdheit. Die meisten Richter und auch die öffentliche Meinung glaubten ohnehin, die Gefängnisstrafe sei selbst das beste Erziehungsmittel. Die Praxis zeigte außerdem, daß viele Zöglinge gar nicht im gewünschten Sinne erziehbar waren, und manche möglicherweise gar nicht. So wurde schon vor 1933 in Fachkreisen gefordert, die „Unerziehbaren" in besondere „Bewahranstalten" einzuweisen, um die Öffentlichkeit vor ihnen zu schützen. Im Jahre 1928 gab es in Preußen über 33.000 männliche und über 26.000 weibliche Fürsorgezöglinge, im ganzen Deutschen Reich waren es ca. 100.000.

Zwischen 1929 und 1932 kam es zu zahlreichen Heimrevolten, die das öffentliche Interesse weckten und zum Teill haarsträubende Verhältnisse in einigen Heimen ans Licht brachten. Dabei zeigten sich vor allem folgende Probleme der neuen Fürsorgeerziehung, die heute keineswegs nur von historischem Interesse sind.

1. Die Diagnose „Verwahrlosung" war höchst unzureichend. Die dafür zuständige Wissenschaft war die Psychiatrie, die Verhaltensauffälligkeiten zu klassifizieren suchte, dabei aber außer in Fällen offensichtlicher Geisteskrankheit über Vermutungen kaum hinauskam, sondern weitgehend von äußeren Verhaltensweisen auf psychische Defekte schloß, wobei kaum zu entscheiden war, was an diesen Defekten anlagebedingt und was milieubedingt war und insofern hätte korrigiert werden können. Schlichte Vorurtei-

le gegenüber einem von gutbürgerlichen Maßstäben abweichenden Lebensstil verbanden sich mit teilweise zutreffenden Einsichten in die lebensuntüchtige Verfassung der Zöglinge. Bei den Mädchen wurde insbesondere sexuelle Verwahrlosung diagnostiziert, wenn sie zu früh oder mit wechselnden Partnern Geschlechtsverkehr gehabt hatten.

2. „Verwahrlosung" wurde als je individueller Charakterfehler gesehen, der durch Appelle an das Gewissen bzw. an die individuelle Moral oder durch Disziplinierung korrigiert werden sollte. Die gewünschte „Umerziehung" war also losgelöst gedacht von konkreten sozialen Lernorten, als eine Art von abstrakter Umprogrammierung der Persönlichkeitsstruktur, vor allem des moralischen Willens. Diese individualistische Einschätzung widersprach dem Herkunftsmilieu der Zöglinge und dessen sozialen Kontexten. Die Zöglinge lernten so in der Anstalt vor allem, was sie dort zum sozialen Überleben benötigten, aber kaum etwas, was sie „draußen" hätten brauchen können. Im Gegenteil: Da in der Anstalt alles für sie geregelt wurde, wurden sie meist noch unselbständiger, als sie vorher schon waren. Die Heime wurden bevorzugt in ländlichen Gebieten errichtet, jedenfalls abseits der modernen Zivilisation, so daß Kontakte zur Umwelt außerhalb des Heims erschwert wurden.

3. Dank der Blindheit für die soziale Dimension des Problems gelang es meist nicht, das Zusammenleben in der Anstalt befriedigend zu gestalten im Sinne eines günstigen „pädagogischen Milieus". So wurde die Arbeit, die die Zöglinge als Beitrag zu ihrem eigenen Unterhalt zu leisten hatten, in der Regel nicht als wichtiger Inhalt des gemeinsamen Lebens verstanden, sondern als bloße äußere Disziplinierung. Arbeit „als solche" — unabhängig von ihrem persönlichen oder produktiven Wert, galt als erzieherisch wertvoll.

4. Die soziale Blindheit ließ selbst bei engagiert reformpädagogisch geführten Heimen die eigentümliche soziale Binnenstruktur übersehen, die die Zöglinge auf der informellen Ebene im Sinne ihrer „Hackordnung" verband, und die zum Vorschein kam, sobald die Erzieher nicht anwesend waren — z.B. im Schlafsaal. In den Prozessen, die sich

aus den erwähnten Heimrevolten ergaben, kamen Gewalt-
tätigkeiten und Quälereien der Zöglinge untereinander
zum Vorschein, die sich unter der Oberfläche eines äußerlich ruhigen und friedlichen Zusammenlebens im Heim
bildeten.

5. In der Regel waren die Erzieher gar nicht oder nur unzureichend pädagogisch ausgebildet. Deshalb neigten sie dazu, im Konfliktfalle ihre Macht auszuspielen. Die weitaus
meisten Heime wurden von den Kirchen geleitet. So ergaben sich zusätzliche Widersprüche zwischen deren religiösen Erziehungserwartungen und dem überwiegend kir-
chenfremden Herkunftsmilieu der Zöglinge. Der religiöse
Charakter der Heime war offensichtlich vor allem dort pädagogisch produktiv, wo wie in katholischen Gegenden die
religiöse Sinngebung im Heim zur persönlichen Stabilisierung führte, dann aber auch draußen in einem entsprechenden Milieu weiter sozial anerkannt und deshalb fort-
geführt werden konnte (ein katholisches Mädchen z.B. sta-
bilisiert sich in einem katholischen Heim und wird später
in eine katholische Familie vermittelt).

6. Während bei der Kriminalstrafe sowohl die Rechte des
Gefangenen wie die Dauer seiner Strafe feststehen, fehlte
beides im Rahmen der Fürsorgeerziehung. Hier handelte
es sich ja um ein „Erziehungsverhältnis", und was im Einzelfalle erzieherisch richtig war, entschieden die Erzieher.
Prügeln war zwar offiziell verboten, aber von Fall zu Fall
ließ es sich durchaus rechtfertigen — sei es aus erzieherischen Gründen, sei es aus Gründen der Sicherheit der Anstalt. Über das Ende der Fürsorgeerziehung entschieden
ebenfalls Erzieher. Wollte also ein Zögling so schnell wie
möglich das Heim verlassen können, so tat er gut daran,
sich — zur Not auch heuchlerisch — als gut erzogen zu präsentieren. Von den im Jahre 1922 in Preußen entlassenen
Fürsorgezöglingen waren fast 40% länger als sechs Jahre in
Fürsorgeerziehung gewesen.

7. Die Dauer der Fürsorgeerziehung hatte auch oft wirtschaftliche Hintergründe. So berichtete ein Fürsorgeerzie-
hungsdezernent aus Schleswig-Holstein, die lange Dauer
sei „vornehmlich in der Verbindung der Anstalt mit Ge-
werbebetrieben" begründet. „So wurde in einer Anstalt je-

der Neuankommende von den älteren Zöglingen gewarnt, beim Melken ja nicht allzuviel Geschick zu entwickeln, sonst komme er so leicht nicht wieder aus der Anstalt heraus. Ähnlich war in Anstalten mit Wasch- und Plättereibetrieb die Lage derjenigen Mädchen, die sich durch Geschick im Plätten feiner Herrenwäsche auszeichneten. Und gerade diese gewandten und willigen jungen Menschen waren vielfach diejenigen, die am schnellsten hätten entlassen werden können." Solche Praktiken trieben natürlich die Kosten in die Höhe. Zwischen 1914 und 1926 stieg z.B. die Zahl der Schleswig-Holsteinischen Zöglinge auf das Doppelte, die Kosten aber stiegen fast auf das Dreifache. Im Jahre 1914 kostete ein Fürsorgezögling 248 Reichsmark pro Jahr, 1926 schon 566 (heute kostet er zwischen 100 DM und 150 DM pro Tag).

8. Das Erziehungsverhältnis in den Heimen war ein „totales": Es erstreckte sich als Gewaltverhältnis rund um die Uhr und betraf jede Lebensäußerung des Zöglings. Fortschrittliche Anstalten wie der Lindenhof oder das Landeserziehungsheim Schloß Heiligenstedten in Schleswig-Holstein richteten deshalb Mitbestimmungsmöglichkeiten für die Zöglinge ein. Da diese Mitbestimmung als fortschrittlich propagiert wurde, führten auch konservative Heime sie ein, allerdings oft nur formal, ohne der Sache einen Sinn abgewinnen zu können. Beliebter war, einzelne Zöglinge mit bestimmten Aufgaben zu betrauen und sie so als Transmissionsriemen für den Erziehungswillen zu benutzen. Die Überlassung von Regelungen an Organe der Zöglinge hätte notwendig zu einer Revision des Erziehungsbegriffes führen müssen, zu der Einsicht nämlich, daß nicht jede Lebensäußerung des Zöglings als erzieherisch wichtig betrachtet werden muß. Der totale Erziehungsanspruch verhindert die Entstehung produktiver sozialer Verbindungen unter den Zöglingen.

9. In der Öffentlichkeit waren die Anstalten diskreditiert. Sie galten schlicht als eine Variante des Gefängnisses, und diese Diskriminierung übertrug sich als Stigmatisierung auf die entlassenen Zöglinge. Diese Einstellung hatte natürlich Folgen für die Kosten; sie sollten so gering wie möglich gehalten werden. Allerdings gab es auch erfolgreich arbeitende Heime, die meist nicht in das Licht der Öffentlich-

keit gerieten und die uns nur bekannt geworden sind aus damaligen wissenschaftlichen Untersuchungen. Es gibt Berichte von Zöglingen — vor allem von Mädchen — die auch nach ihrer Entlassung das Heim als ihre Familie betrachtet haben, dem sie die weiteren Ereignisse ihres Lebens mitteilten und bei dem sie sich Rat holten. Viele Zöglinge kamen lebensuntüchtig, entmutigt, krank (viele Mädchen waren z.B. geschlechtskrank) und körperlich geschwächt in die Heime, in denen sie Schutz und Ermutigung gebraucht hätten und offensichtlich vielfach auch gefunden haben.

Aber im großen und ganzen krankte die Fürsorgeerziehung an einem Erziehungsbegriff, der den je individuellen Charakter, sozusagen die Innerlichkeit des Zöglings im Blick hatte, dessen soziales Herkunfts-und Zukunftsmilieu ignorierte, keine brauchbaren Maßstäbe für ein befriedigendes Heimleben enthielt, den Zögling unselbständig machte bzw. bleiben ließ, und der weitgehend auf äußere Disziplinierung setzte (rigider Tagesablauf; Arbeit; Gewährung und Entzug von Vergünstigungen usw.).

Die reformpädagogischen Vorstellungen waren in diesen Punkten differenzierter, aber sie waren eher in der sozialpädagogischen Literatur zu finden als in der Alltagspraxis der meisten Anstalten; dort hatten sie wenig Einfluß. Grundlage des reformpädagogischen Konzepts war Herman Nohls Theorie des „pädagogischen Bezugs". Der Zögling sollte für eine freiwillige Bindung an einen Erzieher gewonnen werden, dadurch seine bisherige Bindungslosigkeit kompensieren und so eine innere Stabilisierung finden. Dabei sollte der Erzieher sowohl die gegenwärtige Befindlichkeit des Zöglings wie auch seine noch unentdeckten und noch nicht entfalteten künftigen Möglichkeiten im Blick behalten. Verständnisvolle Einfühlung war hier gefordert und nicht äußere Disziplinierung.

Aber genau dies, nämlich die soziale Disziplinierung, der Schutz der Bürger vor diesen Kindern, war das überwiegende Motiv für die Fürsorgeerziehung, pädagogische Motive waren jedenfalls in den Augen der Öffentlichkeit diesem Zweck untergeordnet. Die entscheidende Frage war eigentlich, wo solche Kinder halbwegs befriedigend aufwachsen konnten. In den Heimen konnten sie auf Dauer nicht leben, weil sie nur als Durchgangsstadium zum Zwecke der charakterlichen Verbesserung gedacht waren, nicht etwa als Alternativen zum familiären Milieu. Da lohnt ein Blick ins Ausland. Schon vor der Jahrhundertwende gab es in den USA „Kinder- und Jugendrepubliken". Am bekanntesten wurde bei uns „Boy's-Town", gegründet 1906 von dem katholischen Priester Father Flanagan. Boy's-Town war eine richtige kleine Stadt mit eigener Post, eigenen Geschäften, einer eigenen Schule und mit eigener Verwaltung. Hier wurde im wesentlichen resozialisiert durch die soziale Verantwortlichkeit gemeinsamen Lebens und Aufwachsens. Das bekannteste europäische Beispiel ist die „Gorki-Kolonie", die der russische Pädagoge A.S. Makarenko 1920 in der Ukraine für jugendliche Rechtsbrecher einrichtete. Auf der Grundlage gemeinsamer, optimal organisierter landwirtschaftlicher und handwerklicher Arbeit gelang die Resozialisierung durch „Kollektiverziehung", also durch das Arrangement einer produktiven sozialen Selbstdisziplinierung.

Aber es gab auch Versuche, therapeutische Wege zu gehen. So wandte August Aichhorn, ein Schüler S. Freuds, in seinem Erziehungsheim bei Wien psychotherapeutische Methoden an, die von moralischen Bewertungen des Zöglings absahen und stattdessen die innerpsychischen Konflikte aufzuarbeiten trachtete, die der Verwahrlosung jeweils zugrunde lagen. Dabei unterschied er zwischen der „manifesten" Verwahrlosung, die sich im äußeren Verhalten ausdrückte, und der „latenten" Verwahrlosung, die das wirklich zu lösende Problem enthielt, das aber nicht offensichtlich erkennbar ist.

Der spezifische Beitrag der Nationalsozialisten bestand in dem Bemühen, unter Verwendung rassebiologischer Methoden die „Gemeinschaftsfähigen" von den „Gemeinschaftsfremden" zu trennen, die ersteren zu resozialisieren, die letzteren, die „Unerziehbaren", in „Bewahranstalten" unterzubringen. Die Idee zu einer solchen Trennung war in den letzten Jahren der Weimarer Republik vor allem in konservativen Fürsorgeerziehungskreisen aufgekommen, als die Ausgaben für die Fürsorgeerziehung wegen der Wirtschaftskrise eingeschränkt werden mußten. Realisiert wurde diese Ausgrenzung jedoch erst in den Kriegsjahren von den Nazis — in Gestalt der „Jugendschutzlager" für männliche Jugendliche in Moringen und für weibliche in Uckermarck/Mecklenburg — wobei die Indikationen für die Einweisung noch haarsträubender waren als bei den Klassifizierungsversuchen der „Verwahrlosung" ohnehin.

Diese zweite Phase des Umgangs mit gefährdeten Kindern und Jugendlichen — und hier handelt es sich ganz überwiegend um Jugendliche der unteren Arbeiterklasse — dauerte bis zum Ende der 60er Jahre. Dann kam es erneut zu Heimrevolten, die nun von „linken" Studenten und Sozialpädagogen unterstützt wurden. Es zeigte sich, daß die Probleme, die schon Ende der 20er Jahre offenbar geworden waren, immer noch im wesentlichen vorhanden waren — gerade auch in solchen Heimen, die in der Öffentlichkeit als besonders fortschrittlich galten. Von besonderer Bedeutung war nun, daß das totale Erziehungsrecht eingeschränkt wurde durch die nun auch von Juristen untermauerte Forderung, daß die Grundrechte auch für Fürsorgezöglinge gelten und daß ihnen von daher bestimmte Persönlichkeitsrechte zustehen. Dem widerspricht z.B., wenn ein Zögling körperlich gezüchtigt wird, wenn er gezwungen wird, Tellerportionen aufzuessen, wenn er durch Kleidervorschriften uniformiert wird, wenn ihm eine bestimmte Haartracht vorgeschrieben wird usw. — alles Tatsachen, die nun erneut ans Licht kamen.

Rückblickend läßt sich fragen, ob die Idee, zehntausende von Kindern und Jugendlichen zu Erziehungszwecken zu kasernieren, nicht von vornherein abwegig, weil eine Überschätzung pädagogischer Möglichkeiten war. Aber diese Frage stellte sich einer breiteren Öffentlichkeit erst nach den Heimskandalen am Ende der 60er Jahre, die dann auch das Ende der kasernierten Fürsorgeerziehung einleiteten. Erschwert wurde eine Korrektur nicht zuletzt dadurch, daß es schon in der Weimarer Zeit und später erst recht etablierte Wohlfahrts- und Fürsorgeorganisationen gab, die das für alle derartige Institutionen und Verbände übliche Beharrungsvermögen entfalteten. Das gilt selbstverständlich auch für die damit befaßte staatliche Bürokratie. Beide lebten ja schließlich irgendwie davon, daß es diese Zöglinge gab.

Jugendhilfe

Die gegenwärtige dritte Phase der Sozialpädagogik, also des Umgangs mit dissozialen Jugendlichen, ist gekennzeichnet durch eine Reihe von Veränderungen, die das Problem des Mißlingens oder Scheiterns einer befriedigenden Sozialisation in einem neuen Licht erscheinen lassen.

1. Verändert hat sich der Status des Jugendlichen in der Gesellschaft. Die Grenzen zum Erwachsenenstatus sind fließend geworden. Privilegien, die früher den Erwachsenen vorbehalten waren (z.B. Sexualität und Freizeitautonomie), werden von Jugendlichen übernommen. Das Volljährigkeitsalter ist auf 18 Jahre herabgesetzt worden, danach entfällt jede Möglichkeit einer zwangsweisen öffentlichen Erziehung. Aber auch vorher können sich Jugendliche erzieherischer Bevormundung weitgehend entziehen. Der totale Erziehungsanspruch, wie er in der früheren Fürsorgeerziehung so problematisch selbstverständlich war, kann nicht mehr aufrecht erhalten werden. Erzieherische Eingriffe werden nun *partikular* verstanden, als *begrenzte Lernangebote* (z.B. Abbau von Aggressivität; Drogenentzug).

2. Folgerichtig wird die Kasernierung von Fürsorgezöglingen in Anstalten mehr und mehr als unzweckmäßig erkannt. Stattdessen wird versucht, Resozialisierung möglichst entweder in Pflegefamilien oder in begleitenden Maßnahmen (z.B. Wohngemeinschaften) unter Aufrechterhaltung eines normalen Alltagslebens zu ermöglichen. 1965 befanden sich noch ca. 27.000 junge Menschen in Fürsorgeerziehung, 1985 nur noch 1.250. Der größte Teil der heute in Heimen lebenden Kinder und Jugendlichen ist therapiebedürftig.

3. Das Bild einer allgemein gültigen „bürgerlichen Ordnung", zu deren selbstverständlichen Normen erzogen werden könnte, verblaßt. Im Zuge der allgemeinen Individualisierungstendenz richtet sich der Blick auf die Einzelpersönlichkeit. Verwahrlosung und soziale Abweichung werden als falsche Problemlösung verstanden, die nicht

nur als Verstoß gegen Gesetze und andere soziale Regeln betrachtet werden, sondern vor allem auch als subjektives Unglück, als vergebene Chance, ein befriedigendes Leben mit einem Minimum an Konflikten mit der sozialen Umwelt zu führen. Andererseits schärft sich der Blick für die gesellschaftlichen Hintergründe von Kriminalität, Verwahrlosung und Abweichung. Entsprechende sozialpolitische Forderungen werden erhoben, etwa nach Beseitigung von Arbeitslosigkeit, nach materiellen Verbesserungen, nach öffentlicher Unterstützung von benachteiligten Familien usw. Sozialpolitik und Sozialpädagogik werden wieder im Zusammenhang gesehen.

4. Es gibt bei uns heute kaum noch jene unangepaßten, verarmten Milieus, die früher über ganze Stadtviertel in den Großstädten verbreitet waren. Das Problem der Verwahrlosung bzw. Dissozialität resultiert immer weniger aus materieller Not, sondern eher aus den Widersprüchen der Wohlstandsgesellschaft, die z.B. einerseits relativ hohe Leistungs- und Verhaltensansprüche an alle stellt, andererseits aber Konsumleitbilder propagiert, die von den unterschiedlichen Einkommensgruppen höchst unterschiedlich realisiert werden können. Wir leben gleichsam in einer strukturell unzufriedenen Gesellschaft.

5. Neue wissenschaftliche Ansätze und Erklärungsmuster kommen zur Geltung. Zu nennen sind etwa eine Reihe von Therapieformen, die auf psychoanalytischer oder verhaltenspsychologischer Grundlage beruhen. Ferner macht die Kriminalitätsforschung auf das Dunkelziffer-Phänomen aufmerksam, also darauf, daß Mitglieder unterer Sozialschichten vor allem bei kleineren Vergehen eher erwischt werden als z.B. Angehörige der mittleren und höheren Schichten, und daß diese andere Möglichkeiten haben, einer Anzeige und Verurteilung zu entgehen (z.B. durch freiwillige finanzielle Angebote zur Wiedergutmachung). Zu nennen sind ferner die Varianten des sogenannten „Definitions-Ansatzes" (labeling aproach). Nach dieser Kriminalitätstheorie gibt es Kriminalität und abweichendes Verhalten nur insofern, als es von irgend jemandem, der die Macht dazu hat, so definiert wird. Diese Theorie läßt die Instanzen der öffentlichen sozialen Kontrolle (z.B. Polizei, Gerichte) in einem neuen Licht erscheinen: Verhindern sie

nur Abweichungen oder produzieren sie sie auch? Jedenfalls entspricht der Relativierung öffentlicher Normen auch eine Relativierung in der wissenschaftlichen Diskussion.

6. Als „gefährdet" gelten keineswegs nur mehr die Arbeiterjugendlichen oder Randständige, sondern prinzipiell *alle* Jugendlichen. Spätestens die Drogensucht, die Angehörige aller sozialen Schichten erfaßt, hat das gezeigt. Diese allgemeine Gefährdung resultiert aus der schon erwähnten Individualisierung und Autonomisierung des Jugendstatus; sie geht nicht nur mehr von Erwachsenen bzw. von bestimmten sozialen Orten der Erwachsenen aus (z.B. Kino, Amüsierbetriebe, Zeitschriftenkiosk), wie die traditionellen Jugendschutzgesetze noch unterstellten, sondern von Jugendlichen selbst, wie sich etwa in der Drogenszene zeigt; dort werden Jugendliche von anderen Jugendlichen „verführt", während die eigentlichen Geschäftemacher natürlich nach wie vor Erwachsene sind, die aber weitgehend im Dunkeln bleiben.

7. Ein neues Problem ist durch die hohe Scheidungsquote entstanden. Fast jede dritte Ehe wird inzwischen geschieden, betroffen sind davon über 100.000 Scheidungskinder jährlich. Nach Schätzungen von Experten wird jedes zweite heute geborene Kind nicht in der Familie aufwachsen, in die es hineingeboren wurde. Die aus Scheidung entstandenen Eineltern-Familien — immer noch überwiegend Mütterfamilien — leben teilweise in schwierigen wirtschaftlichen Verhältnissen. So ist nicht verwunderlich, daß in den Einrichtungen der öffentlichen Erziehung Kinder aus solchen Familien überrepräsentiert sind. Die aus der hohen Scheidungsquote resultierende Labilisierung der Familie als Institution erfordert aber grundsätzliche Erweiterungen der öffentlichen Jugendhilfe. In dem Maße jedoch, wie die öffentliche Erziehung auch die Mittelschichten ergreift, geht die früher mit ihr verbundene soziale Diskriminierung zurück.

Verbinden wir diese Überlegungen mit denen, die wir vorhin über „pluralistische Sozialisation" angestellt haben, so läßt sich die prinzipielle Gefährdung des Jugendalters so begründen:

Der pluralistische Charakter der Sozialisation führt zu erheblichen Belastungen für den Heranwachsenden. Wenn diese Sozialisationswirkungen nämlich widersprüchlich sind, verlagert sich zu einem guten Teil die Verantwortung für eine gelingende Sozialisation auf die subjektive Seite, auf den Heranwachsenden selbst. Die normative Pluralität, die soziale Desorientierung verursacht, die schulischen und beruflichen Leistungsanforderungen, die freizeitkulturellen und mitmenschlichen Wahlmöglichkeiten fordern einen ständigen Entscheidungsdruck heraus und werden so zu wichtigen Risikofaktoren für ein befriedigendes Aufwachsen. Die geistigen, moralischen und emotionalen Anforderungen, unter diesen Bedingungen individuell-autonom leben zu sollen, sind offensichtlich so groß geworden, daß manche Jugendlichen damit mehr oder weniger große Schwierigkeiten haben. Phänomene wie Neo-Nazigruppen, Jugendsekten, Drogenszenen, Alkohol- und Tablettenmißbrauch deuten darauf hin, daß manchen diese individuelle Freiheit zur Qual geworden ist, aus der sie zu fliehen trachten oder die sie durch Unterwerfung unter eine Gruppen- oder Sektenautorität beenden wollen.

Nun ist allerdings diese neue sozialpädagogische Hypothese, daß prinzipiell die ganze junge Generation gefährdet sei, nicht unproblematisch. Wir müssen uns nämlich klar machen, daß auch heute die große Mehrheit der Jugendlichen erwachsen wird, ohne Sozialpädagogik im Sinne korrigierender Hilfen zu benötigen. Ein sozialpädagogisches Überangebot, das z.B. jede denkbare Gefährdung durch Präventivmaßnahmen auszuschalten trachtet, wird in vielen Fällen auch das Selbständigwerden der Jugendlichen verhindern; denn an der Pluralität der Sozialisation kann die Sozialpädagogik grundsätzlich nichts ändern, sie darf deshalb ihre Hilfen nur in diesem Rahmen anbieten und mit dem Ziel, mit dieser Pluralität auch produktiv umgehen zu können, sonst verfällt sie nur einer neuen Sozialromantik.

Angesichts der eben skizzierten neuen Lage wurde der Begriff Sozialpädagogik im öffentlichen und fachlichen Sprachgebrauch immer mehr ersetzt durch den Begriff „Jugendhilfe". Unter diesem Begriff werden *alle* öffentlichen Hilfen — materielle wie personelle — verstanden, die dem befriedigenden Aufwachsen der Kinder unmittelbar zugute kommen sollen. Im Jahre 1989 wurden diese Hilfen im Entwurf eines „Kinder- und Jugendhilfegesetzes" (KJHG) zusammengefaßt, das das alte JWG ersetzen und 1991 in Kraft treten soll. Tragender Gedanke ist, die Familie in den Mittelpunkt der Förderung zu setzen, alle Maßnahmen so zu organisieren, daß materiell wie personell die Erziehungsfunktion der Familie gestärkt werden kann. Jugendliche selbst haben ohne den Weg über ihre Familie kein Antragsrecht — was von vielen Kritikern bemängelt wird, obwohl der § 1 nach wie vor das Recht des jungen Menschen herausstellt: „Jeder junge Mensch hat ein Recht auf Förderung seiner Entwicklung und auf Erziehung zu einer eigenverantwortlichen und gemeinschaftsfähigen Persönlichkeit."

Für unseren Zusammenhang des Umgangs mit dissozialen Jugendlichen ist bedeutsam, daß die Begriffe „Verwahrlosung" und „Fürsorgeerziehung" nicht mehr verwendet werden. Im Kapitel 4 (§ 26 ff.) ist vielmehr von „Hilfen zur Erziehung" die Rede, die in einer differenzierten Skala je nach der vorliegenden Schwierigkeit angeboten werden: Beratungsdienste sollen grundsätzlich zur Verfügung stehen; „soziale Gruppenarbeit" soll jungen Menschen „Hilfe zur Konfliktverarbeitung" bieten; ein „Erziehungsbeistand" oder „Betreuungshelfer" soll das Kind bzw. den Jugendlichen „unterstützen". „Sozialpädagogische Familienhilfe" soll innerhalb von Familien „bei der Bewältigung von Alltagsproblemen, der Lösung von Konflikten und Krisen" und beim Umgang mit Behörden behilflich sein. In entsprechenden Fällen kann „Hilfe zur Erziehung durch Tagesbetreuung in einer Einrichtung" angeboten werden. Wenn und solange die Erziehungsfunktion einer Familie gestört und eine Herausnahme des Kindes unvermeidlich ist, kann „Hilfe zur Erziehung in Vollzeitpflege" (= Unterbringung in einer Pflegefamilie) oder „Hilfe zur Erziehung in einer Einrichtung oder sonstigen Wohnform" veranlaßt werden. Die Unterbringung in einem Erziehungsheim steht also erst am Ende dieser Hilfe-Skala.

Das neue, auf die Stärkung der Erziehungsfähigkeit der Familie konzentrierte Konzept der Jugendhilfe hat also den traditionellen, totalen Erziehungsbegriff, der die frühere

Fürsorgeerziehung beherrscht hat, aufgegeben zugunsten differenzierter, möglichst auf den Einzelfall zugeschnittener Lernangebote. Das Motiv der Sozialdisziplinierung ist weitgehend verschwunden, oder genauer gesagt; es ist nicht mehr so offensichtlich; denn jede öffentliche Hilfe ist auch eine Form öffentlicher Kontrolle. Verstärkt wurde jedoch das Motiv der Prävention; es könnte auf Dauer zu einer Schwächung der Verantwortungsbereitschaft führen, wenn man Probleme allzu leicht delegieren kann. Und die Erfahrung zeigt, daß soziale Dienste, die einmal etabliert sind, immer ihre eigene Expansion betreiben und ihre Problemdefinitionen öffentlich durchzusetzen trachten. Aus „Hilfe" kann also sehr leicht so etwas wie soziale Nötigung werden („Nehmen Sie doch einen Therapeuten für Ihr zappeliges Kind!"). Der Gedanke der Prävention, also unentwegt Schlimmes zu verhindern, kann das Familienleben auch vergiften und zu einem neuen Erziehungsterror führen, kann also eine ähnliche Wirkung haben wie gegenwärtig die Medikamentisierung von Kindern, die irgendwelche Probleme haben und denen sie auf diese Weise genommen werden sollen.

Folgt man aber der der gegenwärtigen Jugendhilfe zugrunde liegenden Annahme von einer prinzipiellen Gefährdung der Kinder und Jugendlichen, dann lassen sie sich in drei Gruppen einteilen: sozial unauffällige, sozial auffällige und entwicklungsgestörte Kinder und Jugendliche.

1. *Sozial unauffällige Kinder und Jugendliche* sind die, mit denen wir normalerweise in unserem Alltag zu tun haben und die uns keine überdurchschnittlich großen Schwierigkeiten bereiten. Der Ausdruck „sozial unauffällig" ist mit Absicht so vorsichtig gewählt. Darin soll zum Ausdruck kommen, daß auch diese Gruppe potentiell gefährdet ist, daß es nicht sicher ist, ob alle auch unauffällig bleiben. Die meisten Eltern z.B. „fallen aus allen Wolken", wenn sie erfahren, daß ihr Kind Drogen konsumiert, weil nichts vorher darauf hingedeutet hatte. Für diese Gruppe bildet die Jugendhilfe im Sinne einer „vorbeugenden Fürsorge" Maßnahmen im Rahmen der Jugendarbeit an.

2. *Sozial auffällige Kinder und Jugendliche* sind die, mit denen wir uns in diesem Kapitel beschäftigen. Im Unter-

schied zu früheren Zeiten kann heute ein Teil der sozialen Auffälligkeiten medikamentös, etwa durch Psychopharmaka oder Drogen, zeitweilig überspielt werden. Hemmungen, Ängste, Mißerfolgserlebnisse können überdeckt werden, so daß der Eindruck einer guten „Funktionsfähigkeit" entsteht. Andererseits werden heute ungewöhnliche äußere Erscheinungsformen wie provozierende Kleidung oder „ungebührliches" öffentliches Auftreten, solange es nicht gewalttätig erfolgt, toleriert, gelten als Teil der Freizeitmoden und immer weniger als äußeres Zeichen von Verwahrlosung. Ähnliches gilt für das traditionelle Merkmal der weiblichen Verwahrlosung; heute gesteht man Partnerwechsel als Vorstufe zur Partnerfindung jungen Mädchen im allgemeinen zu.

Die differenzierten Reaktionsmöglichkeiten nach dem KJHG wurden eben schon beschrieben. Was aber geschieht mit Jugendlichen, die straffällig geworden sind? Zuständig dafür ist ein besonderes Jugendgericht nach den Maßgaben des JGG in der Fassung von 1953; der Änderungsentwurf von 1989 ändert nichts an der Grundstruktur dieses Gesetzes, erweitert vor allem die erzieherischen Reaktionsmöglichkeiten des Jugendgerichtes, bevor zum „letzten Mittel", der Jugendstrafe, gegriffen wird.

Wird ein Jugendlicher (14-18 Jahre) wegen einer Gesetzesübertretung durch ein Jugendgericht verurteilt, so hat der Jugendrichter eine Reihe von Maßnahmen zur Verfügung, unter denen er unter dem Gesichtspunkt der optimalen Erziehungswirkung wählen kann. Das JGG spricht von „Erziehungsmaßregeln", „Zuchtmitteln" und „Jugendstrafe". Der Richter kann als „Erziehungsmaßregeln" Weisungen für die Lebensführung des Angeklagten erteilen, z.B. Annahme einer Lehr-, oder Arbeitsstelle; Verbot des Besuchs bestimmter Gaststätten; Leistung von sinnvollen (gemeinnützigen) Arbeiten; Aufenthalt in einem Heim oder in einer Familie.

Wenn solche Erziehungsmaßregeln nicht ausreichen, kann das Jugendgericht sogenannte „Zuchtmittel" anwenden: Verwarnung; Erteilung von Auflagen (z.B. eine bestimmte gemeinnützige Arbeit zu verrichten); Jugendarrest.

„Jugendstrafe" wird verhängt, wenn Erziehungsmaßregeln oder Zuchtmittel als nicht ausreichend erscheinen oder wenn eine besonders schwere Schuld vorliegt. Jugendstrafe dauert mindestens sechs Monate und höchstens fünf Jahre, bei besonders schweren Verbrechen allerdings kann sie bis zu zehn Jahren betragen.

Der Jugendrichter hat ferner die Möglichkeit, die Schuld des Angeklagten festzustellen, aber die Entscheidung offenzulassen, ob der Täter überhaupt und in welcher Höhe er bestraft werden soll. Er kann für diese „Aussetzung der Verhängung einer Jugendstrafe" eine „Bewährungszeit" von ein bis zwei Jahren ansetzen. Ist die Bewährung erfolgreich, so wird die Strafe getilgt. Ebenso kann eine verhängte Strafe bis zu einer Bewährungszeit von zwei bis drei Jahren ausgesetzt und bei erfolgreicher Bewährung ebenfalls erlassen werden. 18- bis 21jährige Täter können nach dem Jugendstrafrecht behandelt werden, wenn ihre sittliche und geistige Entwicklung zur Tatzeit noch der eines Jugendlichen entsprach. Der Jugendstrafvollzug erfolgt in spezifischen Anstalten, also getrennt vom Erwachsenenvollzug.

So differenziert die Reaktionsmöglichkeiten des Jugendgerichts auch sind, die Kritik an der Jugendstrafe ist bis heute nicht verstummt. Vor allem folgende Argumente werden immer wieder vorgebracht:

1. Die Prinzipien von Strafe und Erziehung schlössen sich aus, zumindest müsse das Prinzip der Strafe dem der Erziehung untergeordnet werden. Trotz aller gegenteiligen Beteuerungen sei es in der Praxis aber umgekehrt: Schon aufgrund der institutionellen Struktur von Gefängnissen habe dort der Vollzug der Strafe Vorrang, für die Erziehung blieben nur Nischen übrig.

2. Für das, was die Gefangenen eigentlich lernen müßten (z.B. Selbstbeherrschung; Umgang mit Aggressivität; Umgang mit sozialen Konflikten; Erlernen eines Berufs bzw. Fortbildung in marktgerechter Weise) seien die kasernierenden Bedingungen der Strafanstalt denkbar ungeeignet. Im sozial armseligen Lernort Gefängnis könne man im wesentlichen wie in der traditionellen Fürsorgeerziehung

auch nur lernen, was man dort auch brauche, weniger das, was später nach draußen transferierbar wäre.

Andererseits läßt sich aber auch fragen, ob die pädagogisch-psychologisierenden Tendenzen des JHG und des neugefaßten KJHG aus der Sicht der betroffenen Jugendlichen nicht auch desorientierend wirken können. Schon in der Weimarer Zeit wollten viele straffällig gewordene Jugendliche lieber ins Gefängnis als in ein Fürsorgeheim, weil ihnen offenbar kalkulierbarer erschien, was sie im Gefängnis erwartete. Jedenfalls wäre es problematisch, wenn aus dem Blick geriete, daß der entscheidende Schritt, der die Reaktion der Gesellschaft notwendigerweise herausfordert, die Übertretung eines Gesetzes ist − auch wenn es sich nur um eine einmalige „Jugendsünde" handeln sollte.

Entwicklungsgestörte Kinder und Jugendliche. Damit sind die körperlich und geistig behinderten Kinder und Jugendlichen gemeint. Es sind dies solche, die wegen körperlicher Mängel (z.B. Blindheit, Taubheit) oder wegen bestimmter Gehirnschäden (z.B. Folgen einer Hirnhautentzündung im Kindesalter) und daraus resultierenden geistigen Zurückbleibens die normale Schulfähigkeit nicht erreichen. Diese Kinder sind „sonderschulbedürftig", d.h. sie benötigen Schulen, die von vornherein auf ihre besondere Schwäche eingestellt sind. Man schätzt, daß etwa acht Prozent aller Kinder im Hauptschulalter sonderschulbedürftig sind.

Besonders wichtig ist die Früherfassung und Frühbetreuung. Behinderungen, die nicht rechtzeitig erkannt und behandelt werden, haben fast immer negative Rückwirkungen auf die ganze Persönlichkeit. Man nennt das die „sekundären Verformungen", die sich aus primären Defekten (den eigentlichen Behinderungen) als Folge ergeben. So treiben manche Behinderungen Kinder in eine soziale Isolierung, in der sie sich nur mit zweifelhaften Mitteln zu behaupten vermögen. Auf den Zusammenhang von Schwererziehbarkeit und körperlicher oder geistiger Behinderungen haben viele Forscher hingewiesen. Eine für diese Kinder entscheidende Frage ist, in welchem Maße sie separiert, also getrennt von den anderen Kindern (z.B. in speziellen Sonderschulen) aufwachsen müssen. Eine solche Separierung hat einerseits schützende Funktionen −

sie schützt z.B. vor Ansprüchen, die nicht erfüllt werden können — andererseits hat sie aber auch eine soziale Deklassierung und damit verbunden eine Stigmatisierung zur Folge (L.V. 22).

4. Kapitel
Erziehungswissenschaft

Bisher haben wir wichtige praktische Probleme der Erziehung und Sozialisation beschrieben, wobei jeweils auch schon wissenschaftliche Erkenntnisse und Theorien berücksichtigt wurden. Daß wir nun erst in diesem Kapitel uns der Erziehungs*wissenschaft* zuwenden, und nicht mit ihr begonnen haben, hat einen Grund, der für das Konzept dieses Buches bedeutsam ist: *wir gehen von der Priorität der pädagogischen Praxis aus,* d.h. davon, daß es diese Praxis immer schon gibt und gegeben hat; daß ein großer Teil dieser Praxis (z.B. Familienpädagogik) auch heute noch ohne wissenschaftliches Studium betrieben wird und deshalb offenbar nicht unbedingt schlechter gedeiht als die mit wissenschaftlichem Bewußtsein organisierte Pädagogik z.B. in den Schulen; daß Pädagogik wissenschaftlich zu betreiben historisch gesehen eine sehr junge Erscheinung ist, prinzipiell notwendig geworden mit der Einführung der allgemeinen Schulpflicht, und daß auch heute noch in ganzen Regionen der Erde ohne wissenschaftliche Grundlage erzogen wird. Die Frage ist also zunächst, warum Erziehungswissenschaft nötig wurde.

Erziehungswissenschaft als Emanzipation und Legitimation

Die ideologischen Grundlagen der bürgerlichen Gesellschaft beruhten von Anfang an auf Wissenschaft bzw. auf rationalem wissenschaftlichen Denken. Mit dieser Waffe wandte sich das Bürgertum gegen die alten Mächte, den Feudalismus, dessen Herrschaft nicht in Wissenschaft und planmäßigem Denken begründet war, sondern auf Traditionen und Überlieferungen und auf einer an Personen gebundenen Autorität basierte. Die Forderung des Bürgertums, die alte politische, wirtschaftliche und kulturelle Welt nach den Prinzipien des wissenschaftlichen Denkens zu *kritisieren* und eine neue danach zu *konstruieren,* machte Wissenschaft zu einer wichtigen Legitimationsgrundlage der neuen bürgerlichen Gesellschaft. Die Forderung des Bürgertums nach der Uneingeschränktheit von Forschung und Lehre und nach der Priorität des wissenschaftlichen Denkens vor jeder anderen Art von Begründung und Rechtfertigung war seinerzeit eine politisch ebenso brisante Forderung wie die nach dem allgemeinen Wahlrecht und nach der parlamentarischen Verfassung des Staates. In jener Zeit entstanden auch die früher schon erwähnten, noch heute gültigen pädagogischen Leitvorstellungen der Mündigkeit und der Autonomie des Individuums.

Die damals entstehenden einzelnen Wissenschaften waren jedoch nicht nur ideologisch — zur Rechtfertigung der bürgerlichen Gesellschaft — nötig, sondern auch *praktisch:* für die Organisation des gesellschaftlichen Lebens selbst. Wenn nämlich die überlieferten Regeln und Maßstäbe nicht mehr legitim bzw. brauchbar waren — durch welche sollten sie dann ersetzt werden? In Frage kamen nur die neuen Regeln des wissenschaftlichen Denkens. Sie feierten ihre Triumphe zunächst bei der Verwissenschaftlichung der modernen kapitalistischen Produktion, in der Zusammenarbeit vor allem der Nationalökonomie und der Naturwissenschaften.

Diese neue wissenschaftliche Haltung setzte sich jedoch nicht in allen gesellschaftlichen Bereichen gleich schnell durch. Das lag vor allem daran, daß in bestimmten gesellschaftlichen Sektoren — vor allem auch in dem der Erziehung — die „alten Mächte", wozu auch die Kirchen gehörten, ihren Einfluß behielten, ja, auf diese Bereiche geradezu abgedrängt wurden. So kam jener eigentümliche Widerspruch zustande, der hineinreicht bis weit in unser Jahrhundert, eine Art von Gleichzeitigkeit des Ungleichzeitigen: Während nämlich im Bereich der Ökonomie das neue rationale Denken sich sehr schnell durchsetzte, hielten sich gleichzeitig in anderen Bereichen wie der Erziehung jene alten Vorstellungen und widersetzten sich zäh der wissenschaftlichen Aufklärung. Offensichtlich stellte sich die Notwendigkeit der Verwissenschaftlichung der gesellschaftlichen Praxis in den einzelnen gesellschaftlichen Bereichen in unterschiedlichem Ausmaß. Was die Erziehung angeht, so ergab sich die Notwendigkeit der Verwissenschaftlichung im Prinzip mit der Entstehung des modernen Schulwesens, weil hier zum ersten Mal eine Erziehungsinstitution geschaffen wurde, die — etwa im Unterschied zur Familie — eine künstliche, zweckhafte war, die nicht mehr naturwüchsig, sondern planmäßig und systematisch vorgehen mußte; dies aber implizierte in irgendeiner Weise die Anwendung von wissenschaftlichem Denken.

Tatsächlich jedoch verlief die Entwicklung anders. Erstens nämlich benötigte die moderne Gesellschaft wissenschaftliche Methoden zunächst und über lange Zeit nur dort, wo geplant und entschieden wurde, nämlich in den oberen gesellschaftlichen Positionen, zu denen man über Gymnasium und Universität gelangte. Für diejenigen jedoch, die die Planungen anderer nur ausführten, ergab sich diese Notwendigkeit kaum oder jedenfalls in weit geringerem Maße. So galt für die Volksschule über lange Zeit im wesentlichen die Aufgabe der ideologischen Integration, des Gehorchen-Lernens. Die bürgerlichen Leitvorstellungen Mündigkeit und individuelle Autonomie galten hier nicht.

Es waren die Volksschullehrer selbst, die im Zuge ihres Kampfes um die Emanzipation von der geistigen Schulaufsicht und von ihrem unterprivilegierten Status die wissenschaftlichen Intentionen des Bürgertums — Kritik und

Konstruktion — auf die Erziehung anwandten, sozusagen die sozialen Träger von erziehungswissenschaftlichen Gedanken und Vorstellungen wurden. Ohne sie hätte es über lange Zeit gar keine Interessenten für eine wissenschaftliche Pädagogik gegeben.

Bis etwa zum Ersten Weltkrieg war Erziehungswissenschaft keine allgemein anerkannte gesellschaftliche Notwendigkeit, diese ergab sich erst in dem Augenblick, wo die konservativen Mächte, die die Volksschule mit ihren ideologischen Überzeugungen beherrschten, in eine Legitimationskrise gerieten, als also ihr Anspruch nicht mehr konsensfähig war. Diese Situation trat mit dem Ende des Ersten Weltkrieges ein. Ausschlaggebend dafür war die Tatsache, daß gesellschaftliche Pluralität, also auch die Pluralität von normativen Auffassungen in Erziehungsfragen, zugelassen werden mußte, daß gerade deshalb aber die Frage entstand, wie nun angesichts dieser Lage, dieser Widersprüche, die Schule sich verhalten solle. In der Weimarer Republik wurde dieses Problem zunächst durch die Beibehaltung der Konfessionsschule gelöst — allerdings nur scheinbar; denn die nichtkirchlichen weltanschaulichen Gruppen, z.B. die Sozialisten, wurden daran gehindert, ihre „weltliche" Schule in gewünschtem Maße einzurichten. Die Konfessionsschule war heftig umstritten, weil die Kritiker durch eine konsequente Separierung der Schüler nach Weltanschauungsgruppen eine nationale Desintegration schon in der Schule befürchteten. Die den Konfessionsschulen entsprechenden theoretischen Grundlagen waren verankert in der sogenannten „normativen Pädagogik", die die normativen Prämissen der jeweiligen Kirche zum Ausgangspunkt für ihre theoretischen und praktischen Konzepte nahm. Erst die in der Weimarer Zeit sich entfaltende sogenannte „Geisteswissenschaftliche Pädagogik" begründete die moderne Erziehungswissenschaft, insofern sie zwar auch von bestimmten normativen Voraussetzungen ausging, diese aber prinzipiell der wissenschaftlichen Diskussion zur Disposition stellte. Sie versuchte, das mit der weltanschaulichen Pluralität entstandene Problem im Prinzip so zu lösen:

Das leitende Ziel aller praktischen Pädagogik ist, vom Standpunkt des Kindes aus (als sein „Anwalt") zu denken und zu handeln, also ihm zur Entfaltung und Herausarbeitung seiner Möglichkeiten zu verhelfen. Dazu ist es nötig, das Kind mit den grundlegenden realen und normativ-sittlichen Prinzipien seiner Welt bekannt zu machen, aber so, daß es nicht nur diese Anforderungen sich einfach aneignet, sondern daß es sich daran auch bilden kann, also zur Hervorbringung seiner eigenen Fähigkeiten gelangt. Da aber nun die gesellschaftliche und kulturelle Wirklichkeit etwas Objektives ist, nicht so strukturiert, daß sie von sich aus bildend im Sinne der individuellen Entfaltung wäre („das Leben bildet nicht"), ja sogar in pluralistischen Widersprüchen sich darstellt, müssen sich diese Wirklichkeiten und alle Ansprüche, die von ihr an das Kind ausgehen, eine Umformung zum Zwecke der Bildung gefallen lassen. Dies ist die Aufgabe der Pädagogik, ihre „autonome" Funktion, d.h. niemand sonst kann diese Aufgabe übernehmen, die Welt für das Kind bildend zu machen. Die Rolle des Lehrers besteht nun darin, in seiner Person („pädagogischer Bezug") diese Vermittlung zwischen Welt und Kind zu repräsentieren, gleichsam als Filter dazwischen zu fungieren. Die wissenschaftliche Pädagogik, also die Erziehungswissenschaft, hat demnach die Aufgabe, diese Praxis reflexiv zu begleiten, sie zu beschreiben, hinsichtlich ihrer Voraussetzungen zu befragen usw. Vor allem soll sie in der Ausbildung dafür sorgen, daß die Lehrer lernen, ebenfalls reflektiert in ihrer Praxis zu verfahren.

Die geisteswissenschaftliche Pädagogik löste also das Problem der Pluralität und der damit verbundenen Legitimation des Schulehaltens so, daß sie die „pädagogische Autonomie" zwischen das Kind und die Welt setzte und es auf diese Weise in eine Distanz zu ihr brachte, und daß sie andererseits dem professionellen Erzieher, dem Lehrer, eine unverwechselbare Funktion und Position in der Gesellschaft verschaffte, ihm ebenfalls eine Art von berufsspezifischer Autonomie gab, d.h. eine relative Unabhängigkeit von seinem gesellschaftlichen Auftraggeber. Der Lehrer sollte und konnte nun nicht mehr einfach ein Agent der Kirche oder des Staates sein. Diese Lösung des Problems, wie die Schule sich angesichts der weltanschaulichen und der Interessen-Pluralität gegenüber dem Kind verhalten sollte, bestand also darin, daß das Schulkind der gesellschaftlichen Realität entzogen und in eine eigens für es konstruierte pädagogische Welt versetzt, die Trennung von Schule und Leben also geradezu zum pädagogischen Prinzip wurde.

Dieser Grundansatz der geisteswissenschaftlichen Pädagogik blieb herrschende Lehre bis Ende der fünfziger Jahre; erst dann zeigten Kritiker die Grenzen dieses Konzeptes auf. Sie lagen besonders darin, daß empirische Methoden nicht vorgesehen waren bzw. genutzt wurden, und daß die Forschungsergebnisse und Theorien anderer Wissenschaften, vor allem der Sozialwissenschaften, nicht berücksichtigt wurden. Deshalb waren auch die Arbeiten der geisteswissenschaftlichen Pädagogik von Anfang an anfällig für ideologische, irrationale und sogar mystische Vorstellungen. Und davon ist in die Praxis oft sehr viel mehr eingegangen als von dem Anspruch der systematischen Reflexion.

Die nun einsetzende „empirische Wende« machte die moderne Erziehungswissenschaft zu einer Sozialwissenschaft. War die geisteswissenschaftliche Pädagogik eher historisch-philosophierend mit ihrem Gegenstand — der Erziehung — umgegangen, so gerieten nun — vorangetrieben auch durch die Bildungs-Reformbewegung der 60er und 70er Jahre — planend-konstruktive Aufgaben in den Vordergrund: Die Entwicklung neuer Richtlinien und Curricula, didaktisch-methodische Erneuerungen in den Schulfächern, organisatorische Veränderungen innerhalb des Schulbetriebs usw. Ergebnisse anderer Wissenschaften, vor allem der Soziologie und der Psychoanalyse, wurden nun aufgenommen und verdrängten das Konzept der „pädagogischen Autonomie", das die geisteswissenschaftliche Pädagogik zum Zentrum ihres Selbstverständnisses gemacht hatte. Nun setzte eine Professionalisierungswelle vor allem auch bei den außerschulischen pädagogischen Berufen ein, deren Grundlage die neu eingerichteten erziehungswissenschaftlichen Diplomstudiengänge wurden.

Die bisherigen Hinweise haben gezeigt, daß es einen Zusammenhang zwischen der Wissenschaft von der Pädagogik, der Emanzipation der pädagogischen Berufe und dem allgemeinen Prozeß der Demokratisierung gibt; denn nur in dem Maße, wie öffentliche pädagogische Maßnahmen (Schule und Sozialpädagogik) verwissenschaftlicht werden, stehen sie auch für öffentliche Entscheidungen und damit auch für Veränderungen zur Disposition, werden Herrschaftsansprüche auf diese pädagogischen Einrichtungen zumindest relativiert. Andererseits kann dem pädagogischen Beruf nur in dem Maße ein eigenständiger Handlungs- und Entscheidungsspielraum öffentlich zugebilligt werden, wie dieser Beruf verwissenschaftlicht ist. Weltanschaulich-ideologische Rechtfertigung des pädagogischen Tuns im unmittelbaren Auftrag eines Trägers ist also die eine Möglichkeit zur Legitimation, relative, wissenschaftlich begründete Handlungsfreiheit die andere.

Wissenschaftstheorie und Ideologie

Die Erziehungswissenschaft ist also von ihrer historischen Herkunft her eine Interessentenwissenschaft der hauptberuflichen Pädagogen — insbesondere der früher unterprivilegierten pädagogischen Berufe wie Volksschullehrer und Sozialpädagogen. Diese Tatsache macht sie ideologieanfällig, d.h. dafür, ihre Erkenntnisse so zu formulieren und zu deuten, daß solche Interessen (z.B. Vermehrung von Personalstellen, bessere materielle Ausstattung) dabei eher unterstützt als kritisiert werden.

Nun sind solche Interessen nicht per se wissenschaftsfeindlich, wenn sie aufgedeckt werden und sich der rationalen Argumentation aussetzen. Ohne „erkenntnisleitende Interessen" (Habermas) läßt sich im geistes- und sozialwissenschaftlichen Bereich gar nicht arbeiten, weil man spätestens bei der *Darstellung* eines Forschungsergebnisses wissen muß, worauf man hinaus will; denn die Darstellung (z.B. in Gestalt eines Buches) ist eine Form der Kommunikation, des sozialen Handelns, das anderen Menschen etwas *erklären,* sie über etwas *aufklären* will, und allein diese

Absicht ist ohne gewisse appellative Untertöne gar nicht realisierbar, und der persönliche Hintergrund des wissenschaftlichen Autors schließt immer auch bestimmte kulturelle und politische Grundpositionen ein.

Ein im Vergleich dazu bedeutsameres Problem zeichnet sich ab in einem grundsätzlichen Widerspruch: einerseits fühlen sich die Erziehungswissenschaftler wie andere auch den Grundprinzipien der Wissenschaft (z.B. Freiheit der Forschung und Lehre; Freiheit der Methodenwahl; Verpflichtung auf die Wahrheit) verpflichtet. Andererseits gibt es Realfaktoren, die diese Freiheit immer wieder einschränken: bestimmte Forschungsrichtungen und Fragestellungen können gesellschaftlich geächtet sein, wie es jahrzehntelang der Psychoanalyse erging; außerwissenschaftliche, z.B. ökonomische Interessen können die Erforschung bestimmter Fragen gegenüber anderen favorisieren, wie wir es heute in der Umweltpolitik erleben: für den Schutz der Umwelt werden immer noch erheblich weniger Forschungsmittel bereitgestellt als für die Erfindung und Produktion der für die Umwelt schädlichen Stoffe. An den Hochschulen gibt es immer auch so etwas wie „herrschende Meinungen", die sich etwa in der Berufungspolitik ausdrücken können und bestimmte Forschungsrichtungen und Fragestellungen verhindern oder einengen können. Ein Beispiel für lange Zeit unterdrückte oder für unwichtig gehaltene Fragestellungen ist etwa die gegenwärtige Frauenforschung. Auch können Fragestellungen aus Voreingenommenheit ausgeblendet bleiben. So ist man bis vor wenigen Jahren einfach davon ausgegangen, daß Kleinkinder intensive Beziehungen nur zur Mutter, nicht auch zum Vater haben, so daß es eine entsprechende „Vaterforschung" gar nicht erst gab. Insofern die Wissenschaft verfaßt ist im Rahmen von größeren Institutionen mit ihren eigentümlichen Herrschaftsstrukturen ist ihre Möglichkeit begrenzt, sich gegenüber allen Fragen, Erfahrungen und Anregungen offen zu zeigen.

Hinzu kommt die grundsätzliche Frage, was denn unter Wissenschaft überhaupt zu verstehen sei. Darüber gab es in den siebziger Jahren einen Streit zwischen zwei wissenschaftstheoretischen Grundpositionen: dem „kritischen Rationalismus" (vertreten vor allem durch den Engländer

Popper) und der „kritischen Theorie" (vertreten vor allem durch J. Habermas). In diesem Streit geht es eigentlich um erkenntnistheoretische Probleme, d.h. um im Grunde alte philosophische Fragen nach den Bedingungen der Möglichkeit menschlichen Erkennens und Wissens überhaupt, sowie um die Frage, ob und in welchem Umfang geisteswissenschaftliche Gegenstände (Mensch; Gesellschaft; Geschichte; kulturelle Produktionen usw.) nach denselben logischen Prinzipien wie naturwissenschaftliche Gegenstände erforscht werden können. Es geht also eigentlich um Probleme für philosophische Spezialisten. In dieser Form können wir sie hier nicht behandeln. In unserem Zusammenhang kann dieser Streit nur hinsichtlich seiner *ideologischen Bedeutung* und damit seiner Gefahr für die wissenschaftliche Arbeit im allgemeinen und für die Erziehungswissenschaft im besonderen interessieren. Es geht dabei vor allem um folgende Probleme:

1. Ist es sinnvoll, unter Wissenschaft so verschiedene Verfahren zusammenzufassen wie die auf strenge Empirie und auf Eindeutigkeit zielende Naturwissenschaft bzw. empirische Sozialwissenschaft einerseits und die auf Auslegung von Texten (Hermeneutik), also auf Interpretation zielende und damit immer der *Mehrdeutigkeit* ausgelieferte Wissenschaften wie Philosophie, Theologie, Geschichte, Literaturwissenschaft usw. andererseits? Werden dann nicht unter dem Begriff Wissenschaft Ergebnisse ganz verschiedener Qualität und Erkenntniskraft präsentiert?

Der kritische Rationalismus will Wissenschaft begrenzen auf solche Aussagen, die auf empirischem Wege falsifiziert werden können; demnach kann eine Annahme solange als richtig gelten, wie sie nicht auf diese Weise *eindeutig* als falsch erwiesen ist.

Dagegen wendet die kritische Theorie ein, daß auf diese Weise nur ein *bestimmtes* methodisches Verfahren — das empirische — verabsolutiert würde. Die wissenschaftlichen Methoden — also wie man ein Problem angeht — hängen aber unter anderem davon ab, wie der Gegenstand, der da untersucht werden soll, verstanden und definiert wird, und was man an ihm erkennen will. Die menschliche Gesellschaft ist im allgemeinen nicht so geordnet, daß sie empirisch einfach abfragbar wäre, sie muß vielmehr von den empirischen Forschern erst zu diesem Zweck so definiert und das heißt auch: eingegrenzt, vereinfacht werden.

2. Welche Bedeutung sollen *Werturteile* in der Wissenschaft haben? Der Haupteinwand des kritischen Rationalismus gegen die traditionellen Geisteswissenschaften ist, daß sie im Kern auf Interpretationen angewiesen sind, d.h. daß persönliche Wertungen des Wissenschaftlers hier von konstitutiver Bedeutung sind. Wissenschaft aber müsse so vorgehen, daß die Ergebnisse und das Verfahren keine Werturteile enthalten. Das schließe nicht aus, daß der Forscher persönliche Interessen und Motive haben kann für die Auswahl des Forschungsproblems und für die Entdeckung einer Fragestellung. Aber sobald der Prozeß der wissenschaftlichen Bearbeitung in Gang gesetzt werde, dürfe dies bis zur Vorlage des Ergebnisses keine Bedeutung mehr haben.

Eine derart radikale Wertfreiheit hält die kritische Theorie für praktisch gar nicht möglich und deshalb für illusionär. Sie versucht nachzuweisen, daß nicht nur *vor* Beginn des Forschungsprozesses — bei der Bildung der zu untersuchenden Hypothesen — und *nachher* — bei der Interpretation der Ergebnisse — Werturteile unumgänglich sind, sondern auch während des Forschungsprozesses selbst, da jede methodische Entscheidung bereits Werturteile enthalte. Wichtiger sei aber noch, daß die Motive und Wertentscheidungen, die zu einer wissenschaftlichen Untersuchung führen, nicht nur persönliche der jeweiligen Forscher seien, sondern bereits *allgemeine* gesellschaftliche Parteinahmen widerspiegelten. Wenn z.B. die Erforschung der *Produkte* der chemischen Industrie mit dem Ziel ihrer kommerziellen Verwertung ungleich umfangreicher ist als die Erforschung ihrer Umweltwirkungen, dann liege das nicht an persönlichen Motiven von Forschern, sondern an bestimmten gesellschaftlichen Interessen, die über größere Forschungsmittel verfügten als andere. Auch aus den Sozialwissenschaften ließen sich viele Beispiele dafür nennen, daß derartige „erkenntnisleitende Interessen" als gesellschaftliche und nicht nur als persönliche die Auswahl der Forschung und ihrer Ergebnisse entscheidend mitbestimmten. Lasse man diesen gesellschaftlichen Horizont der Wissenschaft außer acht, dann müßten nicht nur die Ergebnisse fragwürdig werden, sondern es werde dann auch nur Forschung für herrschende Interessen in der Gesellschaft geben.

Das Interesse der kritischen Theorie zielt also darauf, den *Sinn* wissenschaftlicher Forschung und Theorie, ihren Wert für eine Verbesserung bzw. Verschlechterung der gesellschaftlichen Verhältnisse und der menschlichen Lebensbedingungen nicht aus dem Blick zu verlieren, nicht aus dem Begriff der Wissenschaft auszuklammern. Demnach kommt es nicht darauf an, die Werturteilsproblematik auszuklammern, sondern darauf, sie jeweils an der Forschung selbst offenzulegen, zum Thema zu machen, auszuweisen und zu begründen, um sie damit der wissenschaftlichen Diskussion zugänglich zu machen.

So weit einige wichtige Punkte dieser Kontroverse, die im Kern eine erkenntnistheoretische und wissenschaftstheoretische ist. Als solche aber hätte sie seinerzeit nicht eine so große öffentliche Resonanz gefunden, und gerade diese Resonanz verweist auf ideologische Hintergründe. Es ging dabei um die Frage, ob wissenschaftliche Ergebnisse zur Begründung und Rechtfertigung politischen Handelns taugen könnten. Und die Antwort auf diesen Disput lautet unzweifelhaft: sie taugen dazu nicht. Die Erziehungswissenschaft war durchaus in den siebziger Jahren in die Versuchung geraten, bestimmte Reformforderungen wie die Gesamtschule gleichsam wissenschaftlich zu begründen und zu rechtfertigen. Das aber ist nicht möglich; denn selbst wenn über die *Zielsetzung* der Schule Einigkeit bestünde — z.B. sie solle die Fähigkeiten aller Kinder optimal fördern, so weit dies durch Unterricht möglich ist — gäbe es für die Verwirklichung dieses Zieles immer noch unterschiedliche Möglichkeiten, die letztlich politisch entschieden werden müssen. Was konkret getan werden soll, kann die Wissenschaft nicht sagen, weil sie die Komplexität eines Handlungsfeldes — z.B. der Schule — und die Folgen einer Handlung niemals hinreichend erfassen bzw. voraussehen kann. Dafür ein Beispiel: Manche Erziehungswissenschaftler haben z.B. für große Schulkomplexe plädiert, weil sich dann die vorhandenen technischen und räumlichen Möglichkeiten effektiver einsetzen ließen. Sie bedachten dabei jedoch nicht, daß solche großen Schulkomplexe sozio-emotionale Folgen haben, z.B. zu Entfremdung und Isolation und damit zu Ängsten führen können. Abgesehen von solchen Problemen gibt es jedoch keinen vernünftigen Grund, den Begriff der Wissenschaft auf einen bestimmten Typus von empirischen Methoden einzuengen. Für die Aufklärung der pädagogischen Praxis – sowohl in instrumenteller wie in kritischer Hinsicht – sind alle wissenschaftlichen Positionen und methodischen Ansätze unentbehrlich. Die Frage ist immer nur, was man mit einer bestimmten Methode oder mit einem bestimmten wissenschaftlichen Ansatz erklären kann und was nicht.

Theorie und Praxis

Nun lassen sich aus wissenschaftlichen Systemen und Ergebnissen niemals eindeutige Rezepte für die Praxis ableiten. Wäre das möglich, so könnten wir es uns viel einfacher machen, indem wir in der Ausbildung statt umständlicher Wissenschaft einfach deren Ergebnisse als Rezepte liefern und vortragen. Wir könnten dann diese Rezepte in Büchern drucken und dem Staat die hohen Ausgaben für die Hochschulen ersparen. Aber das Verhältnis von Wissenschaft und Praxis ist viel komplizierter. Die Erziehungswissenschaft steht der Erziehungspraxis *gegenüber,* was schon äußerlich dadurch zum Ausdruck kommt, daß diejenigen, die Wissenschaft betreiben, in der Regel nicht auch selbst in der pädagogischen Praxis tätig sind. Der Idealfall wäre natürlich, daß Pädagogen in einem bestimmten Wechsel praktisch und wissenschaftlich tätig sind; aber das ist wohl nur in Ausnahmefällen zu erreichen. Die Frage nun, wie unsere Wissenschaft in die Praxis hineinwirken kann und wie umgekehrt die durch Wissenschaft veränderte Praxis wieder eingeht in unsere Wissenschaft, abgekürzt: die Frage nach dem Verhältnis von Theorie und Praxis gehört zu den kompliziertesten Problemen der modernen Wissenschaftstheorie.

Wir wollen versuchen, uns dieses Problem verständlich zu machen. Nehmen wir dafür ein praktisches Beispiel: Ein Lehrer stellt fest, daß einer seiner vierzehnjährigen Schüler plötzlich schlechte Noten bekommt, während er vorher ein scheinbar unkomplizierter guter Durchschnittsschüler war. Was kann der Lehrer nun tun? Unsere Wissenschaft stellt ihm keine Theorie dieses einen Schülers zur Verfügung, in der er nachschlagen könnte, was nun zu tun sei. Er muß vielmehr eine Menge von dem, was er gelernt hat, eigenständig auf diesen Fall anwenden, um ihn zu verstehen. Er kann sich z.B. folgende Fragen vorlegen: Leidet der Junge unter einem Konflikt seiner Eltern? Leidet er an einer unglücklichen Liebe? Ist er bloß faul und aufsässig? Hat er vielleicht Konflikte mit seinen Klassenkameraden, die ihn belasten? Habe ich, der Lehrer, ihn nicht genügend ermutigt, so daß sein Lerneifer gehemmt wurde? Oder ist einfach seine Leistungsgrenze erreicht und er kann gar nicht mehr leisten, als er jetzt bereits versucht?

Alle diese Fragen erwachsen aus bestimmten Theorien, d.h. aus irgendwie und irgendwo gelernten allgemeinen Gedanken- und Vorstellungsmodellen: z.B. aus einer Theorie der Familie, einer Theorie des Lernens, einer Theorie des Jugendalters usw. Diese Theorien müssen auf den einzelnen Fall angewendet werden, und dies ist ein eigenständiger Denkvorgang, der nicht automatisch aus den gelernten Theorien erwächst. Und indem diese Theorien auf den einzelnen Fall angewendet werden, werden sie gleichsam umstrukturiert, in eine neue Form gebracht. Gelingt mit Hilfe dieser Umstrukturierung die Lösung des Problems, d.h. wird der schlechte Schüler wieder ein besserer, so wird die Richtigkeit der angewendeten Theorien bzw. die Richtigkeit deren jeweiliger Anwendung bestätigt. Gelingt jedoch die Lösung nicht, so sind entweder die Theorien falsch, oder aber sie sind nicht richtig auf das praktische Problem angewendet worden. Es gibt aber noch eine weitere Möglichkeit der Erklärung: die Anwendung der gelernten allgemeinen Theorien auf ein praktisches Problem ist niemals eindeutig, es gibt vielmehr immer mehrere Möglichkeiten der Anwendung. Das zeigten schon die verschiedenen Fragen, die wir im Hinblick auf den schlechten Schüler gestellt haben. Welche dieser Fragen sind in diesem Einzelfall die richtigen? Vielleicht sind mehrere richtig? Wie läßt sich die Richtigkeit feststellen, was ist der Maßstab dafür? Unter der Voraussetzung, daß die Theorien richtig sind und richtig umstrukturiert wurden auf den Einzelfall, kann als Maßstab nur das sogenannte „Praxis-Kriterium" gelten, d.h. der Erfolg in der Praxis selbst.

Es gibt also zwischen den gelernten Theorien und der Anwendung im Einzelfall einen gewissen Spielraum der Unbestimmtheit, man könnte sagen: einen gewissen experimentellen Spielraum, den der Pädagoge jeweils selbst produktiv ausfüllen muß.

Nun ist dieser Spielraum nicht so unbegrenzt, wie dies im ersten Augenblick erscheint. Im Laufe der Zeit macht jeder Lehrer bestimmte Erfahrungen, die ihm gestatten, bestimmten Lösungen und Anwendungen seines theoretischen Bewußtseins einen höheren Wahrscheinlichkeitsgrad zuzusprechen als bestimmten anderen. Die zunehmende Erfahrung gestattet ihm, den Spielraum der theoretischen Unbestimmtheit gewissermaßen planmäßig zu durchschreiten:

Wir wollen daraus nun einige Folgerungen ziehen:

1. Die Unbestimmtheit — oder wir können auch sagen: die Mehrdeutigkeit — im Verhältnis von Theorie und Praxis ist wissenschaftlich nicht eindeutig zu machen; dies ist der Grund dafür, weshalb Wissenschaft keine eindeutigen praktischen Rezepte zu erteilen vermag und weshalb alle hauptberuflichen Pädagogen wissenschaftlich ausgebildet werden sollen.

2. Diese Mehrdeutigkeit jeweils für den Einzelfall aufzulösen, ist ein produktiver Akt des handelnden Pädagogen selbst, den ihm niemand abnehmen kann, genauso wie ein Politiker letztlich Entscheidungen treffen muß, mag er noch so viele wissenschaftliche Daten für diese Entscheidungen zur Verfügung haben.

3. Wir haben es in der erziehungswissenschaftlichen Ausbildung mit zwei verschiedenen Formen des Lernens zu

tun. Einmal geht es um das Verstehen theoretischer Modelle, die zwar auf die künftige Praxis hin entworfen sind, gleichwohl aber wegen ihres allgemeinen Charakters verhältnismäßig praxisfern sein müssen; andererseits geht es um das Trainieren der sinnvollen Anwendung solcher Theorien auf Einzelfälle, was z.B. durch die vorgeschriebenen Praktika geleistet werden soll. Beide Formen des pädagogischen Denkens nun — und das ist das Entscheidende — sind Denkleistungen jeweils eigener Art und deshalb unaustauschbar, nicht gegeneinander zu verrechnen. Sie müssen jede für sich gelernt und geübt werden.

4. Dennoch sind beide Formen des pädagogischen Denkens aufeinander angewiesen. Wir wollen ihnen nun auch verschiedene Namen geben: die theoretische Form nennen wir die *systematische,* die vom praktischen Einzelfall ausgehende die *casuistische.* In dem bekannten Satz, daß nichts so praktisch sei wie eine gute Theorie, wird dieser Zusammenhang angedeutet. Ein bloß von der Praxis ausgehendes Denken kann allein nicht zu systematischen, dauerhaften Einsichten führen; ein bloß von der systematischen Theorie ausgehendes Denken kann von sich aus nicht schon praktisch werden. Systematisches und casuistisches Denken müssen sich also gegenseitig korrigieren und präzisieren.

5. Aus dem engen Zusammenhang beider Denkweisen läßt sich eine wichtige Folgerung ableiten: Offenbar sind die dem Einzelnen zur Verfügung stehenden theoretischen Modelle gleichsam das intellektuelle Potential, aus dem die praktische pädagogische Vernunft unentwegt gespeist werden muß. Aber dieses Potential kann mit der Zeit verbraucht werden und damit seine kritische, von der unmittelbaren Praxis distanzierende Kraft verlieren. Das beginnt in dem Augenblick, wo die Tätigkeit eines Pädagogen zur Routine wird, d.h. nach immer denselben eingefahrenen Weisen abzulaufen beginnt. Es ist also dringend nötig, dieses Potential immer wieder neu aufzufüllen. Immer wieder muß also Fortbildung stattfinden. Eine wissenschaftliche Bildung ist heute ohne Fortbildung überhaupt nicht denkbar.

Nun müssen wir aber noch einige Überlegungen zum Begriff der Theorie einfügen, den wir bisher nicht weiter erläutert haben. Dieser Begriff ist nämlich im wissenschaftlichen Sprachgebrauch nicht eindeutig. Er kann sehr verschiedenes meinen, je nach dem, in welchem wissenschaftlichen oder philosophischen System wir ihn gebrauchen. Ich möchte diesen Begriff in einem bestimmten Sinne benutzen.

Greifen wir dazu noch einmal auf unser Beispiel des schlechten Schülers zurück. Die Fragen, die man dazu stellen kann und muß, sind im Grunde an ganz verschiedene Wissenschaften gerichtet: An die Soziologie, an die Psychologie und an einige Spezialzweige der Psychologie wie Psychoanalyse, Lernpsychologie usw. Es ist gleichsam so, als ob unser Lehrer zu seinem Fall verschiedene Wissenschaftler telefonisch um Auskunft gebeten hätte. Tatsächlich jedoch konnte er diese Fragen nur stellen, weil in seinem Kopfe bereits ein Zusammenhang bestimmter soziologischer, psychologischer und anderer Kenntnisse und Vorstellungen bestand. Unser Lehrer hat, indem er sich solche Fragen stellte, bereits eine Gesamtvorstellung vom schlechten Schüler in seinem Kopf, die aus sehr verschiedenen Informationsquellen stammt, nicht nur aus verschiedenen Wissenschaften, sondern auch aus seiner praktischen Erfahrung. Das aber heißt: alle praktischen Probleme — und daher auch alle Probleme der Pädagogik — sind *interdisziplinäre* Probleme, d.h. sie müssen von verschiedenen Wissenschaften und Methoden her erforscht werden. Aber diese verschiedenen wissenschaftlichen Ergebnisse fügen sich nicht von selbst im Hinblick auf eine bestimmte Praxis zusammen, sondern müssen zu diesem Zwecke eigens übersetzt werden. Eben diese Aufgabe fällt heute der Erziehungswissenschaft in erster Linie zu: Sie übersetzt wissenschaftliche Ergebnisse, die für die pädagogische Praxis von Bedeutung sind, auf den allgemeinen Charakter dieser Praxis hin, und genau dies ist *Theoriebildung* in unserem Sinne. Die Hauptaufgabe unserer Wissenschaft besteht also darin, für besonders wichtige Probleme der Pädagogik Denk- und Informationsmodelle zu entwerfen, Modelle, die

1. der Komplexität und damit dem interdisziplinären Charakter der praktischen pädagogischen Probleme Rechnung tragen;

2. so weit wie möglich auf empirischen Unterlagen basieren;

3. offenbleiben für neue Forschungen und Ergebnisse, also wissenschaftlich diskutierbar bleiben.

Ob die Erziehungswissenschaft sich selbst an empirischen Forschungen beteiligt oder nicht, ist eine rein praktische Frage. Es ist denkbar, daß sie das nicht tut, sondern daß sie das, was andere Wissenschaften bereits erforscht haben, für ihre Zwecke aufarbeitet. Ihr Hauptzweck ist also nicht, selbst unbedingt empirisch zu arbeiten, sondern aus dem, was wir längst wissen, auf die Praxis bezogene Theorien zu entwerfen. Sie ist Wissenschaft in dem sehr weiten Sinne des „disziplinierten Umgehens mit bestimmten Fragen, die durch Argumente entschieden werden und auf soziale Resonanz rechnen können" (Plessner). Die modernen empirischen Methoden haben die Erziehungswissenschaft zwar erheblich bereichert, die philosophisch-hermeneutischen Methoden aber keineswegs ersetzt. Von ihrer Aufgabe her muß sie alle Methoden akzeptieren, die zur Erkenntnis ihrer Probleme beitragen können.

Im Mittelpunkt des erziehungswissenschaftlichen Interesses stehen Lernprobleme — im weitesten Sinne des Wortes — die uns als in der Praxis offene, umstrittene Fragen vorgelegt werden. Will unsere Wissenschaft aber neben der instrumentalen auch ihre kritische Funktion erfüllen, so muß das pädagogische Einzelproblem immer auch gesellschaftlich reflektiert werden. Etwas vereinfacht ausgedrückt: *die Erziehungswissenschaft formuliert gesellschaftliche Probleme aus der Perspektive von Lernproblemen.* Eigentlich gäbe es natürlich zahllose Probleme, für die wir Theorien zu entwerfen hätten. Tatsächlich jedoch ist es wesentlich auch eine ökonomische Frage, wie groß wir die Zahl möglicher Theorien halten wollen. Das, was für die Erziehungswissenschaft wichtig und interessant wird, ändert sich im Verlauf der Geschichte. Meistens beschäftigt sich die Erziehungswissenschaft erst mit einem Problem, *nachdem* es ihr von außen — z.B. von der pädagogischen Praxis oder von der Kulturpolitik — vorgelegt wurde; oft aber ist es auch umgekehrt: Die Erziehungswissenschaft macht eine Praxis problematisch, und erst dadurch werden dann in der Öffentlichkeit die Probleme bewußt. Das Problem, von dem wir als Beispiel ausgingen, das des schlechten Schülers, gehört heute zweifellos zu den theoriewürdigen Problemen. Einmal ist nämlich die Zahl der Schulversager verhältnismäßig hoch; zum anderen können wir uns schon aus wirtschaftlichen und politisch-demokratischen Gründen eine hohe Zahl von Schulversagern nicht leisten, wenn wir es zu ändern vermögen. Und eine solche Änderung ist heute ohne Anwendung wissenschaftlicher Modelle nicht mehr möglich.

Die Erziehungswissenschaft hat also keinen eigenen Gegenstand, mit dem sie sich allein beschäftigt. Zwar ist Lernen das Generalthema der Pädagogik; aber erforscht wird das Lernen in erheblichem Maße auch von der Psychologie bzw. von der Sozialpsychologie. Auch nicht „das Kind" ist unser Gegenstand, darüber weiß die Psychologie ebenfalls viel zu sagen. Die Position der Erziehungswissenschaft in dem Raum, in dem sich auch andere, vor allem empirische Wissenschaften bewegen, ist vielmehr die, daß sie eine Art Zwischenhändlerfunktion zwischen diesen Wissenschaften und der pädagogischen Praxis übernimmt, indem sie deren Erkenntnisse und Denkmodelle auf ein bestimmtes Problem hin umsetzt. Das können natürlich Soziologen und Psychologen auch tun, und manches soziologische und psychologische Buch erfüllt die Ansprüche einer erziehungswissenschaftlichen Theorie in hohem Maße, oft sogar mehr als pädagogische Bücher. Aber wir Erziehungswissenschaftler tun das gewissermaßen hauptamtlich im Rahmen der allgemeinen wissenschaftlichen Arbeitsteilung; das ist der einzige prinzipielle Unterschied zu anderen benachbarten Wissenschaften (L.V. 23).

Weiterführende Literatur

Vorbemerkung: Die folgende Literaturauswahl ist bewußt sehr begrenzt gehalten, sie enthält lediglich zweckmäßige Vorschläge zum Weiterlesen. Umfangreichere Literaturangaben finden sich in den genannten Titeln sowie in den einschlägigen Handbuch- und Lexika-Artikeln.

Handbücher und Lexika

Enzyklopädie Erziehungswissenschaft, Handbuch und Lexikon der Erziehung in 11 Bdn. und 1 Registerband, hsgg. von D. Lenzen, Stuttgart 1982 ff.
Handbuch pädagogischer Grundbegriffe, hsgg. von J. Speck und G. Wehle, München 1970 f.
J. Speck (Hg.): Problemgeschichte der neueren Pädagogik, 3 Bde. Stuttgart 1976
Wörterbuch der Erziehung, hsgg. von Chr. Wulf, München 1974
Lexikon der Pädagogik, hsgg. vom Willmann-Institut, 4 Bde. Freiburg 1971 f.
D. Lenzen (Hg.): Pädagogische Grundbegriffe, 2 Bde. Reinbek 1989
Erziehungswissenschaftliches Handbuch, hsgg. von Th. Ellwein Berlin 1970 ff.

Weiterführende Literatur zu den Kapiteln dieses Buches

1 Die „Weltoffenheit" des Menschen

Zur Einführung: H. Roth: Pädagogische Anthropologie. Bd. 1: Bildsamkeit und Bestimmung, Bd. 2: Entwicklung und Erziehung, Hannover 1966 und 1971
A. Gehlen: Der Mensch, seine Natur und Stellung in der Welt, 7. Aufl. Frankfurt 1962
Zu allgemeinen Problemen der modernen Anthropologie: Neue Anthropologie, hsgg. von H.G. Gadamer und P. Vogler, 7 Bde. München 1972 ff.

2 Begabung und Bildsamkeit

H. Roth (Hg.): Begabung und Lernen, Hannover 1968
F.E. Weinert: Vom statischen zum dynamischen zum statischen Begabungsbegriff? Die Kontroverse um den Begabungsbegriff H. Roth's im Lichte neuer Forschungsergebnisse, in: Die deutsche Schule, H. 5/1984, S. 535 ff.

3 Die Entwicklung des Menschen — Altersstufen

Funkkolleg Pädagogische Psychologie, 2 Bde. Frankfurt 1974
R. Oerter: Moderne Entwicklungspsychologie, Donauwörth 1967

4 Verfrühung und Verspätung

W. Kramp: Überforderung als Problem und Prinzip pädagogischen Handelns, in: A. Flitner (Hg.): Einführung in pädagogisches Sehen und Denken, München 1967
D. Sengling: Das Problem der Überforderung im Kindes- und Jugendalter, Weinheim 1967
Außerdem das unter (3) genannte Funkkolleg Pädagogische Psychologie

5 Die Geschichtlichkeit der Ontogenese

J.H. Vandenberg: Metabletica. Grundzüge einer historischen Psychologie, Göttingen 1960
Ph. Ariès: Geschichte der Kindheit, München-Wien 1975
L.de Mause (Hg.): Hört Ihr die Kinder weinen. Eine psychogenetische Geschichte der Kindheit, Frankfurt 1977
N. Elias: Über den Prozeß der Zivilisation, 2 Bde. 2. Aufl. Frankfurt 1977

6 Die Triebe und ihre Sozialisierung

S. Freud: Abriß der Psychoanalyse/Das Unbehagen in der Kultur, Frankfurt 1953
J. Cremerius (Hg.): Psychoanalyse und Erziehung, Frankfurt 1971
H. Hemminger: Kindheit als Schicksal? Die Frage nach den Langzeitfolgen frühkindlicher seelischer Verletzungen, Reinbek 1982

7 Die geschichtlich-gesellschaftliche Dimension der Pädagogik

H. Blankertz: Die Geschichte der Pädagogik von der Aufklärung bis zur Gegenwart, Wetzlar 1982

H.E. Tenorth: Geschichte der Erziehung. Einführung in die Grundzüge ihrer neuzeitlichen Entwicklung, Weinheim-München 1988

R. Winkel (Hg.): Pädagogische Epochen. Von der Antike bis zur Gegenwart, Düsseldorf 1988

Th. Wilhelm: Pädagogik der Gegenwart, 5. Aufl. Stuttgart 1977

8 Lernen

Neben dem unter (3) genannten Funkkolleg Pädagogische Psychologie:

H. Skowronek: Lernen und Lernfähigkeit, 6. Aufl. München 1976

B. Weidenmann: Lernen und Lerntheorien, in: Enzyklopädie Erziehungswissenschaft, Bd. 4, S. 160 ff.

B. Treiber/F.E. Weinert (Hg.): Lern-Lern-Forschung. Ein Überblick in Einzeldarstellungen, München-Wien-Baltimore 1982

9 Erziehung

K. Mollenhauer: Theorien zum Erziehungsprozeß. 3. Aufl. München 1976

W. Brezinka: Erziehungsbegriffe, in: L. Roth (Hg.): Handlexikon zur Erziehungswissenschaft, München 1976

H. Fend: Sozialisierung und Erziehung, Weinheim 1970

Zur Diskussion um den Erziehungsbegriff:

E.von Braunmühl: Zeit für Kinder, Frankfurt 1978

A. Miller: Am Anfang war Erziehung, Frankfurt 1980

K. Rutschky: Schwarze Pädagogik, Quellen zur Naturgeschichte der bürgerlichen Erziehung, Frankfurt-Berlin-Wien 1977

H. Giesecke: Das Ende der Erziehung, Stuttgart 1985

A. Flitner: Konrad, sprach die Frau Mama . . . Über Erziehung und Nicht-Erziehung, Berlin 1982

10 Bildung

W. Klafki: Neue Studien zur Bildungstheorie und Didaktik, Weinheim 1985

H. Blankertz: Bildung im Zeitalter der großen Industrie, Hannover 1969

Th. Wilhelm: Theorie der Schule, 2. Aufl. Stuttgart 1969

H.E. Tenorth (Hg.): Allgemeine Bildung, Weinheim-München 1986

Zur Bildungspolitik:

H. Weishaupt u.a.: Perspektiven des Bildungswesens der BRD, Baden-Baden 1988

H.G. Herrlitz u.a.: Institutionalisierung des öffentlichen Schulsystems, in: Enzyklopädie Erziehungswissenschaft, Bd. 5 S. 55 ff.

11 Öffentliche Erziehungs- und Bildungsziele

Vgl. die unter (10) genannten Titel.
M. Benden (Hg.): Zur Zielproblematik in der Pädagogik, Bad Heilbrunn 1977
L. Kerstiens: Modelle emanzipatorischer Erziehung, Bad Heilbrunn 1974
Th.W. Adorno: Erziehung zur Mündigkeit, Frankfurt 1972

12 Didaktik und Methodik

Zur Einführung:
Adl-Amini, B./Künzli, R.: Didaktische Modelle und Unterrichtsplanung, Weinheim-München 2. Aufl. 1981
W. Klafki: Neue Studien zur Bildungstheorie und Didaktik, Weinheim 1985
P. Heimann: Didaktik als Theorie und Lehre, in: H.K. Beckmann u.a.: Das Problem der Didaktik, München 1975
H. Blankertz: Theorien und Modelle der Didaktik, 12. Aufl. Weinheim 1986
Peterßen, W.H.: Lehrbuch allgemeine Didaktik, München 1984
H. Meyer: Leitfaden zur Unterrichtsvorbereitung, Königstein 1980
Zur Curriculum-Theorie:
S.B. Robinsohn: Bildungsreform als Revision des Curriculums, 3. Aufl. Neuwied 1971
H.L. Meyer: Einführung in die Curriculum-Methodologie, München 1972

13 Familie

Deutsches Jugendinstitut (Hg.): Wie geht's der Familie? Ein Handbuch zur Situation der Familien heute, München 1988
S. Shorter: Die Geburt der modernen Familie, Reinbek 1987
M. Mitterauer/R. Sieder (Hg.): Vom Patriarchat zur Partnerschaft. München 3. Aufl. 1984
K. Mollenhauer u.a.: Die Familienerziehung, 2. Aufl. München 1978
A. Napp-Peters: Ein-Elternteil-Familien, Weinheim 1985
E. Visher/I.F. Visher: Stiefeltern, Stiefkinder und ihre Familien, München 1987
H. Giesecke: Die Zweitfamilie, Stuttgart 1987

14 Gleichaltrigen-Gruppen

I. Gruntz-Stoll: Kinder erziehen Kinder. Sozialisationsprozesse in Kindergruppen, München 1989
D.P. Ausubel: Das Jugendalter, 6. Aufl. München 1976

15 Kindergarten

G. Erning/K. Neumann/I. Reyer: Geschichte des Kindergartens 2 Bde., Freiburg 1987
J. Zimmer (Hg.): Erziehung in früher Kindheit, Stuttgart 1985
W.E. Fthenakis (Hg.): Tendenzen der Frühpädagogik, Düsseldorf 1984
Siehe auch: Enzyklopädie Erziehungswissenschaft Bd. 6 „Erziehung in früher Kindheit"

16 Schule

M.J. Langeveld: Die Schule als Weg des Kindes, Braunschweig 1960
H. Schelsky: Schule und Erziehung in der industriellen Gesellschaft, Würzburg 1957
F. Wellendorf: Schulische Sozialisation und Identität, Zur Sozialpsychologie der Schule als Institution, Weinheim 1973
H. Fend: Theorie der Schule, München 1980
H.G. Herrlitz u.a.: Deutsche Schulgeschichte von 1800 bis zur Gegenwart, Königstein 1981
H. Kemper: Schultheorie und Schulreform. Von der Aufklärung bis zur Gegenwart, Königstein 1985

17 Massenmedien

F. Dröge u.a.: Wirkungen der Massenkommunikation, Frankfurt 1973
D. Prokop (Hg.): Massenkommunikationsforschung, 2 Bde. Frankfurt 1972
L.J. Issing (Hg.):Medienpädagogik im Informationszeitalter, Weinheim 2. Aufl. 1988
Bundeszentrale für politische Bildung (Hg.): Medien und Kommunikation als Lernfeld, Bonn 1986
G. Tulodziecki: Medienerziehung in Schule und Unterricht, Bad Heilbrunn 1989
I.de Haen (Hg.): Medienpädagogik und Kommunikationskultur, Frankfurt 1984

18 Freizeit- und Konsumsystem

Zur Einführung:
H.W. Opaschowski: Pädagogik der Freizeit, Bad Heilbrunn 1976
H. Giesecke: Leben nach der Arbeit. Ursprünge und Perspektiven der Freizeitpädagogik, München 1983
W. Nahrstedt: Freizeitpädagogik in der nachindustriellen Gesellschaft, 2 Bde. Neuwied 1974
ders.: Die Wiederentdeckung der Muße, Baltmannsweiler 1989
H.W. Opaschowski: Arbeit-Freizeit-Lebenssinn? Opladen 1983
Zur sozialwissenschaftlichen Freizeitforschung:
E.K. Scheuch/R. Meyersohn (Hg.): Soziologie der Freizeit, Köln 1972
H.G. Vester: Zeitalter der Freizeit. Eine soziologische Bestandsaufnahme, Darmstadt 1988
G. Huck (Hg.): Sozialgeschichte der Freizeit, Wuppertal 1980

19 Jugendarbeit

F.J. Krafeld: Geschichte der Jugendarbeit, Weinheim 1984
H. Giesecke: Vom Wandervogel bis zur Hitlerjugend, München 1981
ders.: Die Jugendarbeit, 6. Aufl. München 1983
H. Wollenweber (Hg.): Außerschulische Jugendbildung und Jugendarbeit, Paderborn 1981
L. Böhnisch/R. Münchmeier: Wozu Jugendarbeit? Weinheim-München 1987

20 Beruf und Betrieb

W. Lempert/R. Franzke: Die Berufserziehung, München 1976
W. Voigt: Einführung in die Berufs- und Wirtschaftspädagogik 2. Aufl. München 1977
K. Stratmann (Hg.): Berufspädagogik, Köln 1975
ders.: Geschichte der beruflichen Bildung, in: Enzyklopädie Erziehungswissenschaft, Bd. 9, S. 173 ff.
G. Kutscha: Das System der Berufsausbildung, in: Enzyklopädie Erziehungswissenschaft Bd. 9, S. 208 ff.

21 Erwachsenenbildung

H. Tietgens: Die Erwachsenenbildung, Weinheim-München 1981
J. Weinberg: Einführung in das Studium der Erwachsenenbildung, Bad Heilbrunn 1989
H. Siebert: Erwachsenenbildung als Bildungshilfe, Bad Heilbrunn 1983
W. Lenz: Lehrbuch der Erwachsenenbildung, Stuttgart 1987

22 Gefährdungen des Heranwachsens: Sozialpädagogik

H. Scherpner: Geschichte der Jugendfürsorge, Göttingen 1966
Chr. Hasenclever: Jugendhilfe und Jugendgesetzgebung seit 1900, Göttingen 1978
D.J.K. Peukert: Grenzen der Sozialdisziplinierung. Aufstieg und Krise der deutschen Jugendfürsorge von 1878-1932, Köln 1986
E. Jordan/D. Sengling: Jugendhilfe, Weinheim-München 1988
K. Mollenhauer: Einführung in die Sozialpädagogik, 8. Aufl. Weinheim 1988
Zur Diskussion um die Fürsorgeerziehung in Heimen:
Bundesjugendkuratorium (Hg.): Erziehung in geschlossenen Heimen, München 1982
H.G. Tegethoff: Sozialpädagogische Jugendwohngemeinschaften, München 1987
Zur Jugendkriminalität:
G. Kaiser: Jugendkriminalität, 3. Aufl. Weinheim 1982
I. Kerscher: Sozialwissenschaftliche Kriminalitätstheorien, 4. Aufl. Weinheim 1985
Zur Behindertenpädagogik:
U. Bleidick: Pädagogik der Behinderten, 5. Aufl. Berlin 1984
F. Meinertz u.a.: Heilpädagogik. Eine Einführung in pädagogisches Sehen und Verstehen, 7. Aufl. Bad Heilbrunn 1987
L. Merkens: Einführung in die historische Entwicklung der Behindertenpädagogik unter integrativen Aspekten, München-Basel 1988

23 Erziehungswissenschaft

Chr. Wulf: Theorien und Konzepte der Erziehungswissenschaft, München 3. Aufl. 1983
K. Mollenhauer/Chr. Rittelmeyer: Methoden der Erziehungswissenschaft, München 1977
D. Ulich (Hg.): Theorie und Methode der Erziehungswissenschaft, Weinheim 1972
W. Brezinka: Von der Pädagogik zur Erziehungswissenschaft, Weinheim 1971
ders.: Grundbegriffe der Erziehungswissenschaft, München 1974
Zur wissenschaftstheoretischen Diskussion:
Th.W. Adorno u.a.: Der Positivismusstreit in der deutschen Soziologie, Neuwied 1969